여성을 위한
외상중심 집단심리치료

Hadar Lubin · David Johnson 저
이효원 역

Trauma-Centered Group Psychotherapy for Women

박영story

추천사

"사회적 상처를 위한 사회적 치유"

Sandra Bloom, 1997

심리적 외상에 대하여 이 관점을 오랫동안 옹호해온 사람으로서, 여성 외상 생존자를 위한 혁신적인 집단 심리치료 모델을 다룬 이 책의 머리말을 쓰게 된 것은 제게 크나큰 영광입니다. 하다르 루빈과 데이빗 리드 존슨이 개발한 외상중심 집단 심리치료 모델은 집단 환경이 여성들의 회복을 촉진함에 있어 독특한 맥락과 중요한 혜택을 제공한다는 데 근거합니다. 외상의 유형이 무엇이든, 치유 과정에서는 다른 사람들의 지지가 관건임이 입증되어 왔습니다. 특히 아는 사람이 의도적으로 외상을 입힌 경우에 더욱 그렇습니다. 남성 피해자들이 주로 낯선 사람에게 해를 입는 데 비해, 여성 피해자들은 불행하게도 가족이나 친구 등 아는 사람으로부터 가해를 당하는 경우가 많습니다. 그 결과 심리적 외상은 피해자의 전 생애를 뒤흔들어 병들게 하는 막강한 영향력을 갖게 되지요. 저는 남성 피해자 역시 이와 동일하며(외상의 역동은 조금 다를지라도) 따라서 이 모델을 조금만 수정하면 남성에게도 매우 효과적일 수 있을 것이라 생각합니다.

집단 치료는 여러 모로 의미가 있습니다. 무엇보다 참여자들은 집단 속에서 고립감을 덜 느낄 뿐 아니라 유사한 경험을 가진 이들과 함께 있음으로써 외상과 관련된 낙인과 수치심을 덜어낼 수 있습니다. 또한 집단은 다른 참여자들에게 지지를 받고 다른 사람들을 지지할 수 있는 기회를 제공합니다. 외상 환자들은 일반적으로 자신에게 도움을 주기보다 해를 입힐 것이라 여겨 다른 사람을 믿지 않습니다. 집단 환경의 독특한 혜택은 "지지적인 환경"이나 맥락을 제공하여 작업의 촉매로 기능하면서 동시에 그 안에서 치유 작업을 진행하는 데 있습니다.

외상중심 집단 심리치료 모델은 이론적으로 발달 접근법에 바탕을 두면서 동시에 다양한 치료적 관점과 모델(경험적, 인지 행동적, 정신 역동적, 외상 관련적, 체계 등)을 통합하고 있습니다. 그리고 또 한 가지 의미 있는 것은 TCGP가 증거 기반의 작업이 득세하는 추세에 따라 공동 리더들의 관찰과 경험(12년 동안 30회에 걸쳐 제공된)을 비롯해 참여자들에게서 얻어진 질적 데이터와 외상 생존자를 위한 집단 및 개인 치료와 관련한 점증하는 경험적 데이터로부터 여타 활용 가능한 집단 치료 모델에 기반하여 개발되고 적용되어 왔다는 점입니다.

TCGP는 다른 집단 모델과 구별되는 몇 가지 고유한 특징을 갖고 있습니다. 그것은 특정한 외상 유형에 집중하기보다 외상 경험 자체의 회복을 목표로 서로 다른 경험을 가진 참여자로 구성된 이질적 집단을 구성합니다. 그 맥락 속에서 단일 외상뿐 아니라 다중 외상 환자들에게 제공되었고, 만성 정신 질환으로 고통받는 이들을 포함하여 다양한 범주의 외상 후 장애와 질환을 가진 환자들에게 상당한 치료 효과를 입증하였습니다. 또한 노출을 외상 환자를 위한 치료의 기회로 지지하는 연구 동향에 발맞추어, TCGP는 집단의 시작 시점에서 곧바로 외상의 공개를 촉진합니다. 그리고 그와 동시에 외상을 다루기에 앞서 안전과 담아주기의 필요를 충족시키기 위해 고도로 구조화된 독특한 회기의 전개 과정을 고수합니다. 각 회기는 교육적인 내용의 강의로 시작하고 끝맺되, 중간에는 집단 역동과 외상의 충격을 다루는 토론 시간을 갖습니다. 전체 과정은 상대적으로 단기 작업에 속하며, 90분 회기를 16주에 걸쳐 진행합니다.

루빈과 존슨 부부는 TCGP의 창조적 기반으로서 외상 부작용의 3단계 발달 모델이라는 새로운 개념을 제시합니다. 그것은 외상의 부작용을 단기적 관점과 전생애적 관점에서 바라봅니다. 어떤 시점에서 일어나더라도 그렇지만 특히 어린 시절에 경험된 외상은 조절과 동화의 정상적 발달을 방해하며, 그리하여 개인의 분별 능력에 심각한 손상을 초래합니다. 그것이 일차 부작용을 가져오고 적절한 치료가 없을 경우 다시 이차 부작용으로 확장되며 나중에는 삼차 부작용으로 악화되지요. 일차 부작용은 감각 과정의 결함, 정서 조절 장애, 자기와 타인에 대한 잘못된 인지/도식, 부적응적 대인 관계를 포함합니다. 이차 부작용은 방어기제의 발달과 기타 대응 방식(곧 투사, 부정, 해리, 무모한 행동, 물질 남용, 자해)으로 혼란스러운 외상 경험과 감정으로부터 회피하는 것과 관련됩니다. 삼차 부작용은 의미 체계를 무너뜨려 무망감, 절망, 만성적 불신, 도덕적 타락, 외상과 관련한 상실을 애도하는 능력의 저하를 가져옵니다.

TCGP는 외상의 발달 과정을 통틀어 이 세 가지 수준의 영향에 체계적으로 접근합니다. 다섯 회기로 구성된 첫 단계에서는 일차 부작용을 설명하고 그것을 다루는 데 집중하고, 여섯 회기의 2단계에서는 대응 기제에 초점을 맞추며, 다섯 회기의 3단계에서는 의미 체계에 집중합니다. 각 회기는 특정한 주제를 중심으로 시작과 마무리에 리더의 강의를 배치하고 그 사이에 토론과 중간 활동을 진행합니다. 전체 과정의 끝에는 참여자들이 자신의 삶에서 중요한 사람을 초대하여 외상과 그것이 미친 영향을 공개하는 졸업 의식을 치릅니다. TCGP의 또 다른 혁신적인 졸업 의식은 외상을 보다 큰 지역사회의 맥락에 가져다 놓음으로써 구성원들이 그것을 목격하게 하고 외상의 영향에서 벗어나고자 하는 피해자를 지지할 수 있게 해줍니다. 참여자들은 침묵을 깨고 외상을 공개하는 것을 통해 지지적인 가족과 친구들에게 외상의 짐을 상징적으로 또 실질적으로 "넘겨주게" 됩니다. 그렇게 숨어 있고 고립된 상태에서 빠져나와 낙인을 벗어버릴 수 있습니다.

여러분은 이 책이 잘 쓰여진, 접근성이 매우 높은 매뉴얼임을 금세 알게 될 것입니다. 이 책은 TCGP 모델을 사용하고자 하는 전문가가 바로 활용할 수 있도록, 그 내용을 설명함에 있어 상세한 지침을 제시할 뿐 아니라 복사해서 쓸 수 있는 학습장과 이해하기 쉬운 사례와 은유를 두루 갖추고 있습니다. 그리고 회기의 주제와 내용이 쉬운 말로 기술되어 있어 복잡한 경험을 참여자들에게 명확하고 간결하게 정리하여 전달할 수 있게 해줍니다.

내용과 변화 중심의 경험적인 치료 모델인 TCGP는 한 가지 구체적인 목표, 곧 16회기 과정을 통해 외상 경험을 다룸으로써 장기 도식과 행동/관계 유형을 변화시키고자 합니다. 저자들은 10장에서 5개 집단의 다중 외상 여성 환자 29명을 대상으로 한 연구의 경험적 근거를 제시함으로써 이 목표의 달성 가능성을 강조합니다. TCGP에서 치료사는 적극적이고 직접적이며 목표 지향적일 필요가 있습니다. 그들은 참여자를 재연된 외상에 직면시키고 교정적인 정보를 제공하며 다른 참여자들이 그것을 검증하도록 합니다. 이런 방식으로 참여자들은 먼저 집단 작업 내에서 그리고 나중에는 집단 외부의 일상 생활에서, 과거와 현재를 분별하고 자기와 타인에 대한 도식의 일반화를 멈추는 법을 익히게 됩니다. 저자들은 이 같은 치료적 입장과 외상 경험의 직접적 노출이 치료사에게 불안을 유발할 수 있음을 이해하며, 그래서 불안을 줄이고 자신감을 강화할 수 있는 구체적인 정보를 제시합니다. 참여자들이 정보와 사회적 맥락을 활용하여 서로 지지하도록 촉진한 것을 치료사를 위해 직접 실천해 보인 것이지요. 그리고 한 장을 외상의 재연이라는 주제에 할애함으로써 치료사가 그것을 문제로 다루기보다 성장을 위한 기회로 삼을 수 있도록 배려하였으며, 또 다른 장에서는 치료사의 자질과 도전을 상세히 살펴봅니다.

이 놀라운 책은 헌신과 인내로 외상을 입은 여성과 함께 해 온 저자들의 행보를 그대로 담아내고 있습니다. 여기에는 TCGP 모델에 대한 설명과 치료사들이 그것을 적용할 수 있도록 섬세하게 연마되고 명확하게 제시된 정보가 가득합니다. 외상중심 집단 심리치료는 심리적 외상을 위한 치료 모델에 공헌한 바가 매우 큽니다. 저는 이 책을 강력하게 추천하고 가까운 미래에 제 작업에서도 사용할 것입니다.

Christine A. Courtois
심리학자, 워싱턴 DC에서 활동함
E−mail: cacourtoisphd@aol.com
「성적 학대의 회상」, 「근친상간 상처의 치유 그리고 치료 원리와 지침 : 치료에서 성인 생존자들」의 저자

머리말

우리는 심리적 외상을 위한 집단 치료 모델을 개발했습니다. 이 모델은 지난 20년 동안 다양한 범주의 외상 환자와 작업한 경험에서 비롯되었으며, 외상과 그 영향에 대한 발달적 관점 기반을 둡니다. 이 모델은 성인기에 한 차례 외상을 경험한 환자들뿐 아니라 어린 시절부터 오랫동안 방임과 학대를 당한 다중 외상 환자를 대상으로 하며, 만성 정신 질환이나 서로 다른 유형의 외상을 겪은 경우에도 효과적입니다. TCGP는 기존의 모델에 바탕을 두되 그와 구별되는 특성을 갖고 있습니다(포이 외, 2002; 허먼 & 샤초우, 1984; 해리스, 1998; 린네한, 1993; 마골린, 1999; 레식 & 슈니케, 1993). 우리는 외상환자를 대상으로 한 집단 치료의 다양한 경험적 연구에서 도움을 받았습니다(알렉산더 외, 1989; 차드, 2005; 클레슨, 쿠프만, 네빌-매닝 & 스피겔, 2001; 콜 & 바니, 1987; 굿맨 & 노왁-시벨리, 1985; 하자드, 로저스 & 앵거트, 1993; 런퀴비스트 & 오예하겐, 2001; 모간 & 커밍스, 1999; 나야비츠, 바이스, 쇼 & 무엔츠, 1998; 니메어, 하터 & 알렉산더, 1991; 리안, 닛선, 길버트 & 메이슨, 2005; 삭스 & 존슨, 1999; 투리그니, 허버트, 데그놀트 & 시모노, 2005; 왈리스, 2002; 즐로트닉 외, 1997). 여성 외상 환자의 치료가 시급함을 감안할 때, 이 분야에서 경험적으로 검증된 치료 모델이 다양하게 확립되는 것은 너무나 중요합니다(이에 대한 탁월한 개관을 위해서는 포이 외, 2000을 참고하세요).

이 책은 서로 다른 외상을 가진 다중 외상 여성 환자(즉 성폭행, 근친상간, 가정 폭력, 신체적 학대, 정서적 학대, 신체적 상해, 자연 재해, 교통사고)의 치료를 목적으로 하는 외상중심 집단 심리치료 모델을 소개합니다. 이 모델은 다른 대상에게도 활용할 수 있지만, 이 책에서는 여성 외상 환자에게 초점을 맞출 것입니다. 이 책은 TCGP의 이론적이고 절차적인 측면에 대한 소개로 시작하여, 각 회기의 상세한 윤곽과 함께 가능한 저항을 어떻게 다룰 것인지를 안내하면서 결론을 맺습니다. 부록에는 학습장과 졸업 의식에 관한 자료가 포함되어 있습니다. 모쪼록 이 책이 여러 임상 환경에서 TCGP 모델을 적용하고자 하는 분들에게 상세하고 충분한 정보를 드릴 수 있기를 바랍니다.

TCGP는 1993년 이후로 남성 참전군인, 여성 물질남용 환자, 만성 정신질환자, 성적 학대를 당한 남성, 성격 장애 환자를 포함한 다양한 PTSD 환자를 대상으로 활용되어 왔습니다. 12년 동안 약 30개의 집단을 대상으로 꾸준히 양질의 효과를 거두어 왔습니다. 또 5개 집단 33명의 여성 환자에게 경험적 예비 연구를 실행한 결과 PTSD 증상의 의미 있고 지속적인 감소와 삶의 만족도 증가가 나타났습니다(루빈, 로리스, 버트 & 존슨, 1998). 앞으로 보다 많은 연구가 이 접근법의 효과를 증명해주기를 희망합니다.

옮긴이의 말

트라우마, 정신적 외상은 마음 안에서 생긴 상처가 아니라 바깥에서 가해진 충격으로 인해 마음을 크게 다친 것을 말합니다. 특히 이 책은 그 중에서도 성폭력과 신체적 정서적 학대 피해자인 여성에 집중하여 그 상처의 면면을 구체적으로 드러내고 어떻게 거기서 빠져나올 수 있는지를 일목요연하게 안내하고 있습니다.

PTSD에서 회복되는 어떤 과정도 일목요연할 수 없지만 이 책은 외상이 자신의 잘못 때문에 주어진 벌이 아니라는 것과 그것이 자신의 역사임을 함께 인정하고 받아들여야 한다는 것, 그리고 그것으로부터 필사적으로 도망치기 위해 썼던 힘을 돌이켜 자신을 보살피고 세우는 데 쏟을 것, 불신과 고립의 감옥에서 나와 자신의 상처를 공개함으로써 사랑하는 사람과 또 다른 피해자를 위한 지지와 연대의 고리를 완성할 것, 크게 이 세 가지를 회복을 위한 방향으로 제시합니다.

또 한 가지 주목할 것은 PTSD 여성 환자로 구성된 집단 치료를 제안한다는 점입니다. 비슷하면서도 서로 다른 경험을 가진 사람들이 집단 안에서 서로를 거울삼아 비추어보고 개인의 아픔을 담아내도록 하는 것이지요. 집단은 PTSD 여성 환자들에게 꼭 필요한 안아주는 환경이 되어줄 뿐 아니라 자기 안에 갇혀있지 않고 사람들 사이로 과감하게 나올 수 있도록 도전을 촉진합니다.

그리고 마지막에는 환자 집단이 초대한 손님들 앞에서 그리고 그들과 함께 외상과 싸워 온 자신의 역사를 공개하고 거기서 떠나 새로운 시작을 공표하는 극적 의식(ritual)을 배치합니다. 저자들은 PTSD 여성 환자들의 상처가 개인의 것이 아니라 사회적 상처이며 따라서 그것을 회복하는 과정 역시 사회적 치유가 되어야 함을 이 의식으로써 강조하고 있습니다.

한 손에 쏙 들어오는 작은 책을 옮기면서 여러 번 울었습니다. 참여자들이 감당해야 했을 고통이 글로도 너무 아프게 전해져서 그리고 그것을 딛고 다시 일어서는 용기가 너무 아름답고 고마워서요. 이 책에 담긴 그들의 용감한 응시와 아픈 깨달음과 따뜻한 포옹이 독자들에게도 회복의 힘을 북돋울 수 있기를 바랍니다. 그리고 그때쯤이면 이 책을 찾아 옮기게 한 나의 그녀도 훨훨 날아오를 채비를 마칠 수 있으면 좋겠습니다.

귀한 만남을 가능케 해주신 박영스토리의 노현 이사님과 전채린 대리님께 감사드립니다.

감사의 말

가장 먼저, 많은 가르침을 준 참여자들에게 고마운 마음을 전합니다. 자신을 에워싼 끔찍한 경험에 직면하는 그들의 용기는 우리에게 늘 새로운 희망과 영감을 줍니다.

또한 아낌없는 지지와 안내와 애정 어린 비판과 우정으로 성원해 준 심리적 외상 분야의 여러 동료들에게 감사드립니다. 예일 대학, PTSD를 위한 국립 센터, VA 메디컬 센터의 동료들은 흥미롭고 생산적인 연구 환경 속에서 다양한 기법을 실험할 수 있는 흔치 않은 기회를 제공해주었습니다.

차례

PART 01
외상중심 집단심리치료 모델

chapter 03

집단 치료 과정과 규칙

chapter 04

외상 재연 다루기

PART 02

회기별 강의

chapter 05

1단계 과정

chapter 06

2단계 과정

chapter 07

3단계 과정

chapter 08

졸업 의식

PART 03
외상중심 집단심리치료의 성공

appendix
부록

PART

01

외상중심 집단심리치료 모델

Chapter 01 목표와 원리

Chapter 02 발달 이론 체계

Chapter 03 집단 치료 과정과 규칙

Chapter 04 외상 재연 다루기

trauma–centered group psychotherapy for women

chapter

01 목표와 원리

trauma-centered group psychotherapy for women

여성을 위한 외상 후 스트레스 증후군의 치료가 발전했지만 외상이 대인관계에 미치는 영향은 여전히 중요하게 다루어야 할 영역으로 남아있으며, 그에 가장 적합한 환경은 집단 치료입니다. 외상의 영향은 사방에 스며들어 있고 의지와 상관없이 침투해 들어오며 가슴 근처를 어슬렁거리기 때문에 그 덩굴손들이 모두 시들기까지는 오랜 시간이 걸립니다. 탈민감화, 교육, 약물치료 이후에야 실천이 따르지요. 집단 환경에서 외상을 다루는 새로운 방식을 익히는 것은 회복을 향한 여정에서 결정적인 단계가 될 수 있습니다. 집단 안에서 발생하는 다른 사람들과의 연계는 진전을 공고하게 합니다. 외상 도식의 자취와 함께 싸우는 것, 용서와 움직여 나아가려는 욕구에 직면하는 것, 절대 잊지 않는 것은 모두 집단 치료가 주는 혜택과 도전입니다.

수년 동안 외상을 입은 여성들과 집단으로 만나는 고단한 작업 속에서 우리는 수많은 승리와 실패를 겪고 이해하게 되었습니다. 외상 경험이 유발하는 지각, 인성, 관계에서의 근본적인 변화를 인식하는 것만으로는 그다지 큰 힘이 없었습니다. 회복을 막는 장벽은 때로 절대 불가침의 것으로 보이기도 하지만, 오랫동안 포기하지 않음으로써, 우리는 그 장벽이 무너져 내리는 것을 목격했습니다. 개인 치료에서도 동일한 변화가 일어나지만, 이 과제에서 집단이 갖는 잠재력은 매우 인상적인 결과를 보여줍니다.

그러므로 외상중심 집단 심리치료(TCGP)의 목표는 집단 역동의 힘을 빌려 외상 피해자의 부적응적 패턴을 변형하는 것입니다. 이것은 외상에 단호하게 접근하는 것, 초점이 분명한 기법을 꾸준히 사용하는 것, 그리고 왜곡된 외상 도식의 강력함과 집요함을 깊이 존중하는 것으로써 성취됩니다.

이 접근법은 전에는 "상호적 심리교육 집단 치료"라 불렸었지만, 지금은 그 방법론적 원리를 보다 정확하게 표현하는 명칭을 사용하며, 우리가 개발해온 광범한 임상 모델 내에 자리 잡고 있습니다.

외상중심 심리치료

TCGP의 일반적 방법론은 감각, 정서, 인지, 사회 영역에서 분별differentiation 능력에 근본적인 손상과 결함을 유발하는 발달적 토대(2장을 참고하시오)에 뿌리를 둡니다. 왜곡된 외상 도식은 이 분별 능력의 손상에서 발생합니다. 그리고 그 손상의 복구는 참여자가 본래의 외상 경험에 상상적으로 노출된 상태에서 왜곡된 도식을 직면할 때 일어납니다. 회피는 지속적이고 치명적으로 작동하여 현재 스트레스 요인에 대한 참여자의 반응을 왜곡된 도식으로 조형하며, 그것은 다시 역기능적인 행동의 무한 확장과 반복으로 이어집니다. 다시 말해 현재에 지각된 비상사태는 흔히 과거 외상에서 비롯된 공포와 불안의 연합에서 연료를 공급받는다고 할 수 있습니다.

TCGP의 치료 전략은 참여자뿐 아니라 치료사도 어느 정도는 반드시 극복되어야 할 회피적 전략을 사용하며, 그 당연한 결과로서 경험에 대한 참여자의 서사가 어느 시점에서도 불완전하다는 전제에 근거합니다. 그래서 치료사는 즉각성, 개입, 정서성의 세 가지 기본 원리를 따릅니다. 즉각성은 치료사가 참여자의 외상 경험에 관한 질문을 시작함에 있어 기다리거나 주저하지 않음을 뜻합니다. 항상 참여자의 관점을 존중하지만, 치료사는 외상에 접근하는 것이 치료의 성공을 위해 반드시 필요함을 설명합니다. 개입은 치료사가 참여자의 외상 경험에 적극적인 관심을 보이고 참여자의 회복을 위한 여정에 기꺼이 동참하는 것을 의미합니다. 그리고 정서성은 치료가 감정을 자극할 것이며 치료사가 감정 표현을 두려워하지 않음을 말하지요. 이 원리는 개인과 가족 그리고 집단 치료에 모두 적용됩니다. 이제 외상 스트레스의 완화를 위한 집단 치료의 독특한 측면을 살펴보겠습니다.

집단 치료의 핵심 요소

집단 환경은 외상을 겪는 동안 공동체의 지지를 받지 못해 상처받은 참여자들에게 꼭 필요합니다(애봇, 1995). 집단은 피해자의 경험에 대해 상징적인 사회적 목격자로 기능합니다. 그리고 피해자는 집단 과정 안에서 자신의 경험을 다시 이야기하고 다시 살게 됩니다. 근본적인 사회적 기능(안전을 보장하고, 정서적 고통을 나누며, 기본적 책임 소재를 결정하고, 피해자의 복귀를 환영하는)이 집단의 상호작용 속에서 재연되는 것이지요. 집단 치료는 피해자에게 "환대"의 교정적 정서 경험을 제공하여 자책, 신뢰 상실, 침묵의 불가피한 역동을 불러내어 훈습하게 해줍니다. 집단의 다중적 관점이 참여자 개인의 외상에 대한 분별 있는 지각을 허용하는 것이지요. 그것은 참여자가 다른 사람들에게 오해받거나 거부당하거나 배제된다는 느낌 없이 자기에 대한 감각을 재편하여 자신의 역사로 통합할 수 있는 기회가 됩니다.

일반적으로 집단치료 모델은 몇 가지 조건에 따라 달라집니다. ① 집단이 원하는 동질성의 정도 ② 외상 기억에 대한 노출이 얼마나 요구되는가 ③ 회기가 어떻게 구조화되는가 ④ 어느 정도 심각한 병까지 수용하는가. 이 범주 내에서 TCGP 모델을 살펴보겠습니다.

1. 동질성

임상가들은 대부분 PTSD 치료가 고도로 동질적인 치료 환경에서 시작되어야 한다는 데 의견을 같이 합니다. 그런 조건에서라야 참여자들이 유사한 경험을 한 다른 참여자들에게 노출되는 것에서 안전함과 보호받는 느낌을 가질 수 있기 때문이지요(블룸, 1997; 허먼 1992b; 마마, 포이, 카간 & 피누스, 1993; 파슨, 1985; 스커필드, 1993). 외상 피해자들이 흔히 갖는 고립, 불신, 수치심은 치료의 초기 단계에서 동질적인 환경일 때 보다 쉽게 극복될 수 있습니다(파슨, 1985). 혼자이거나 나만 이상한 것이 아니라는 사실을 아는 것은 회복 과정에서 매우 중요하며, 그것은 집단의 유사성이 높을 때 촉진되지요. 반대로 집단의 경험이 눈에 띄게 서로 다를 때는 개별 참여자의 적응 능력에 커다란 장애가 나타나고 그로 인해 탈락률이 높아질 수 있습니다(파슨, 1985). 즉 집단의 동질성은 외상에 초점을 유지하도록 돕고, 보다 상세한 회상을 독려하며, 다른 참여자들의 의견에 권위를 부여하고, 치료 집단을 흔히 무력화하는 "우리-그들"의 대립 구도를 최소화하는 이점을 지닙니다(스커필드 1993).

하지만 집단응집성을 높인다는 장점에도 불구하고, 동질성이 높은 집단은 부정적인 측면을 가지기도 합니다. 참여자들이 피해자의 정체성에 집착하면서 일반 세계로의 적응을 지연시킬 수 있는 것이지요(브랜데, 1983; 니콜라스 & 포레스터, 1999; 반 데르 콜크, 1987). 개별 참여자가 선택되는 것을 막기 위해 집단이 공모할 수 있으며, 그로 인해 참여자들이 특정한 현실을 인식하거나 그에 책임지는 것을 회피할 수 있습니다(파슨, 1985). 참여자들 사이의 차이를 이해하고 관계에서 일어나는 갈등에 적절하게 개입하는 것은 개별화를 성취하기 위한 중요한 수단입니다. 유사한 외상을 가진 참여자들로 구성된 집단은 지나치게 고립되어 의도치 않게 참여자들을 그 가족과 사회로부터 소외시킬 수 있습니다(존슨, 펠드만, 사우스윅 & 샤니, 1994; 반 데르 콜크, 1987). 강렬한 수치심이나 두려움을 느끼지 않으면서 다른 참여자와 자신의 경험을 분별하도록 돕는 것은 이질적인 집단에서 더 잘 일어날 수 있습니다.

이와 같은 고려 속에서, 여러 연구자들이 동질적인데서 점차 이질적인 단계로 진행하는 치료 모델을 제안했습니다. 예를 들어, 허먼(1992b)은 안전, 회상/애도, 재연계의 3단계 모델을 제안합니다. 그녀는 첫 단계에서는 개별 작업을, 두 번째 단계에서는 동질적인 집단으로, 세 번째 단계에서는 이질적 집단으로 작업하기를 권합니다. 또 집단의 심리적 분화와 개별화를 점차 강화하는 것을 목표로 삼는, 다시 말해 참여자들 사이의 차이를 분별하고 탐험하는 모델도 있습니다(파슨, 1985). 반데슨과 카(2003)는 지지적인 형식과 외상중심의 형식을 통합한 2단계 모델을 고안했습니다. 존슨과 그 동료들(1994)은 각각 동질성과 이질성을 특징으로 하는 1세대와 2세대 모델을 PTSD 입원 환자들에게 적용했습니다. 1세대 모델은 참여자들이 표현한 욕구에 매우 반응적인 보호적 환경이었고(블룸, 1997), 2세대 모델은 집단의 유대를 강조하는 대신 사회적이고 가족적인 다양한 경계를 넘어 교류를 촉진하는 데 집중했지요.

TCGP는 이질적인 환경을 활용한다는 점에서 2세대 접근법을 취한다고 할 수 있습니다. 이질적인 외상 집단이 참여자들 사이의 차이를 강조하고 외상 경험으로부터 탈병리화하는 점을 높이 산 것입니다. 참여자들은 외상 경험이 일어나는 동안 외부의 도전에 과순응할 수밖에 없으며, 그 이후에도 대응전략으로 과순응에 의존하는 경향이 있습니다. 이 행동은 다양한 집단의 맥락에서 더 쉽게 드러납니다. 다양한 외상 경험을 가진 참여자들이 서로에게서 동일한 대응 전략의 부적응적 양상을 볼 수 있기 때문이지요(메이어, 2000). 다시 말해 공통분모를 외상의 유형이 아니라 참여자의 경험에서 찾는 것입니다. 집단의 다양성이 클수록 피해자 관점이 아닌 사회적 원칙에 기반하여 서로 관계 맺을 가능성이 커진다고 할 수 있습니다.

2. 노출

집단 작업에서 또 다른 중요한 고려사항은 외상 노출의 시기입니다. 지금까지는 외상의 노출을 집단응집력과 신뢰감이 형성되고 나서 치료의 나중 단계로 미루는 것이 흔한 관례였지요. 하지만 최근에는 외상에 초점을 둔 다양한 모델이 제시되고 있고(포이, 루젝, 글린, 리네이 & 구스먼, 2002; 스피겔, 클라슨, 더스튼 & 버틀러, 2004), 외상에 초점을 둔 모델과 현재에 초점을 둔 모델의 효율성을 비교하는 경험적 연구가 진행 중입니다(클라슨, 쿠프먼, 네빌-매닝 & 스피겔, 2001; 삭스 & 존슨, 1999; 슈너 외, 2003; 즐롯닉 외, 1997).

TGCP 모델은 첫 번째 회기에 외상을 노출하도록 합니다. 집단

응집력이 형성되기 전에 이른 노출이 가능한 것은 심리교육적 구조를 통해 집단에서 경험된 강력한 담아주기에 기인합니다. 빠른 노출은 회피를 극복함으로써 예기 불안을 감소시킬 뿐 아니라 집단 응집력을 높여줍니다. 집단의 발달 속에서 일찍 안전한 노출을 경험하는 것은 외상 중심 작업을 위한 규준을 마련해줍니다. 참여자들은 집단이 시작되기 전에 으레 자신의 외상에 몰두해있기 때문에, 그에 대해 즉시 개입하는 것이 오히려 관련된 예기 불안을 감소시키는 것이지요. 10년 넘는 그동안의 경험을 돌이켜볼 때 TCGP의 집단 탈락률이 매우 낮은 데는 초기의 노출이 적잖이 작용했을 것이라 짐작됩니다.

3. 회기의 구조

집단 모델은 회기를 구조화하는 정도에 따라 매우 다양합니다. 일반적으로 구조가 뚜렷할수록(예를 들어 시간 지키기, 강의나 숙제, 글로 쓰는 과제의 사용, 조직화 등), 담아낼 수 있는 정서가 커지고 치료사가 집단의 흐름에 미치는 영향력 또한 커집니다(팔로 & 해리스 2002; 마골린, 1999). 반면에 구조가 강한 과제 중심적 접근법은 치료사가 참여자들에게 귀 기울이는 것을 방해하고, 그들로부터 중요한 정보가 나타나는 것을 막을 수 있습니다.

TCGP 모델은 이와 관련하여 중간 입장을 취합니다. 회기의 처음과 끝은 고도로 구조화하여 치료사가 통제하지만, 중간 단계는 자발적인 상호작용과 정서 표현에 중점을 두어 개방적으로 운영하는 것이지요. 치료사는 정서의 수준이 유지되도록 회기 동안 구조의 수위를 의도적으로 조절합니다.

4. 병의 심각성

많은 모델이 집단의 안정성을 보장하기 위해 사전평가 과정에서 심각한 정신병리 증후를 보이는 참여자를 배제합니다(포이 외, 2000). 거기에는 전형적으로 해리 증상, 심각한 성격 장애, 초기 아동기에 학대를 당한 경우가 포함되며, 그들은 대개 달리 분류되지 않는 극도의 스트레스 장애(DESNOS)라는 진단명을 갖고 있습니다(펠코비츠 외, 1997). 사실 치료가 가장 절실한 것은 그 같은 참여자이지만, 문제는 그들이 성공적으로 기능할 수 있도록 집단 맥락에서 외상 치료를 제공할 수 있느냐 하는 점이지요(클로이트르 & 퀘넨, 2001).

TCGP 모델은 다중 외상과 광범한 증상을 갖고 있는 (그런) 참여자들에게도 기회를 제공하려 합니다. 물론 다른 모델과 마찬가지로 급성 정신증 증후를 보이거나 공격적이거나 통제가 가능하지 않거나 최근에 입퇴원을 한 환자의 경우는 TCGP 모델을 포함하여 어떤 집단치료 형식에도 적합하지 않지만, 보다 구조화된 집단 형식인 TCGP 모델은 만성적이고 심각한 증후를 보이는 참여자도 충분히 수용할 수 있습니다. 최근에는 지역 정신보건 센터에서 조현병과 양극성 장애의 중복장애 진단을 받은 집단을 성공적으로 운영한 바 있습니다.

chapter 02

발달 이론 체계

trauma-centered group psychotherapy for women

우리는 발달 관점이 심리적 외상 환자들에게서 관찰한 적응, 성격, 행동의 변형에 대해 가장 많은 것을 말해준다는 사실을 발견했습니다. 다른 관점들(가령 생물학, 학습, 정보처리 모델)도 중요한 통찰을 제공하지만, 발달의 관점이 우리의 임상 작업에서 요구되는 범위에서 가장 유연함을 보여주었습니다.

TCGP는 브루너(1964), 피아제(1962), 베르너(1948), 베르너와 카플란(1963)의 선진적인 작업에 바탕으로 두고, 그 밖에 발달적 대상관계 이론가들(야콥슨, 1964; 코헛, 1977; 말러, 파인 & 버그만, 1975; 위니캇, 1953)에게 영향을 받았습니다. 뿐만 아니라 존슨, 펠트먼, 사우스윅과 새니(1994), 루빈과 존슨(1997), 존슨과 루빈(2000)의 연구를 바탕으로, 외상 영역에서 발달 개념을 적용한 여러 동료들에게 많은 빚을 지고 있으며, 그중에서도 특히 브리에르(1992), 피글리(1985), 그린, 윌슨, 린디(1985), 허먼(1992b), 호로비츠(1976), 크리스탈(1988), 리프튼(1988), 맥캔과 펄먼(1990), 로스, 다이, 레보위츠(1988), 반데르 콜크(1987)를 꼽을 수 있습니다.

일반 발달과 조절과 동화의 과정

우리는 PTSD 증상과 외상의 또 다른 후유증을 외상 스트레스에 적응하지 못하는 유기체의 무능력의 결과로 이해합니다. 그러니까 개인의 적응 능력에서의 관찰된 변화를 외상적 손상의 본질로 설명하고자 합니다. 우리는 주로 피아제(1962)의 개념을 활용할 것입니다. 그는 적응을 개인이 환경적 자극과 대상에 반응하여 기존의 도식(운동적, 상징적, 인지적)을 변형하는 조절accommodation과 외부의 대상, 상징이나 개념을 이전에 학습한 도식에 통합하는 동화assimilation라는 두 가지 구성 과정의 측면에서 분석합니다. 조절은 새로운 도식의 학습을 가져오고, 동화는 새로운 대상의 사용으로 확장됩니다. 조절은 내면 세계에 대한 외부 세계의 우선성을 나타내며, 대개 모방을 통해 수행됩니다. 일은 조직이 부여한 역할과 과제의 요구에 대하여 조절을 강조하는 성인의 활동이라 할 수 있지요. 반면에 동화는 외부 세계에 대한 내면 세계의 우선성을 나타내며, 대개 놀이와 환상을 통해 성취됩니다. 그리고 동화에 의존하는 성인의 활동에는 상상과 창조성을 들 수 있습니다.

성공적인 적응은 이 두 과정이 균형을 이룰 때 일어나며, 피아제는 그것을 "사고의 유동성과 가역성"(1962: 284)으로 특징짓습니다. 자기와 환경의 균형 잡힌 상호작용은 언어 발달에서 볼 수 있듯이, 경험의 통합을 제공하는 방식으로 양자의 변형을 허용합니다. 언어의 요소(예를 들어, 문자, 단어, 문법)는 모방(즉 조절)을 통해 습득되지만, 그것은 개인적인 연상과 이미지(즉 동화)와 연결됨으로써 의미를 부여받고, 그를 통해 개인은 내면의 감정과 생각을 다른 사람과 소통할 수 있게 되지요. 사고의 유동성과 가역성은 내면의 이미지와 외부 대상의 관계를 변형하고 처리하는 구체적 조작의 기초를 이룹니다. 그 능력을 통해 개인은 지각의 본질적 분별력을 발달시킵니다. 다시 말해 서로 다른 자극을 뚜렷이 구분하면서 동시에 보다 큰 전체의 일부로 인식할 수 있게 됩니다. 분별된 지각은 감정과 생각과 사건을 구분partial distinction하는 것으로서, 그것들 사이의 유사성과 차이점을 동시에 인식합니다. 사고나 대상의 자율성의 경험을 낳는 것이 바로 이 동시성입니다. 조절과 동화의 불균형은 분별 능력의 손상으로 이어지며, 그것은 현실에 대한 덜 복합적이고 덜 유연한 재현으로 나타납니다. 부적절한 분별은 두 대상의 유사성만을 경험케 하거나(과도한 동일시나 융합의 상태로 이끄는) 차이에 (고립과 분리의 상태) 치우치게 합니다. 이 같은 피아제의 개념은 정서 조절에 대한 이해로 확장되어 왔습니다(레인 & 슈왈츠, 1987). 유연하고 복합적인 인지 구조의 발달은 상징, 재현, 정신적 이미지를 허용하며, 그 모두는 신체적 각성을 감정의 경험으로 변형하고 표현함에 있어 본질적입니다. 따라서 조절과 동화의 불균형은 인지뿐 아니라 정서의 분별에 손상을 가함으로써 정서조절능력의 상실을 초래합니다.

발달 개념은 또한 위니콧(1953)의 관계적 차원에도 적용되어 왔습니다. 그는 전이 대상과 전이 공간의 개념으로 아동의 성공적 적응을 위한 최적의 대인적 환경을 이해하는 데 기여했지요. 전이 공간은 자기와 타자의 경계가 중첩되는 엄마와 아이 사이의 중간 영역이라 할 수 있습니다. 이 "안아주는 환경"은 아이에게 외부 세계에 대한 조절과 대상의 놀이로의 동화를 실험할 수 있는 상대적으로 안전한 기회를 제공해줍니다. 엄마가 아이에게 놀 수 있는 여지를 주지 않거나 반대로 아이의 욕구에 지나치게 반응적일 경우에는, 상황의 균형이 깨지고 전이 공간의 안아주는 능력이 위협을 받게 됩니다. 그러므로 안정적이고 유연하며 분별 있는 대인관계의 발달 역시 조절과 동화의 균형에 달려있다 할 수 있습니다.

외상이 발달 과정에 미치는 영향

외상의 본질은 강요된 조절forced accommodation에 있습니다. 외상의 내용이 강간이건 심각한 교통사고이건 아동기 성학대나 정서 학대처럼 장기적인 상호작용이건 간에, 가해자가 피해자의 반응을 지배하고 통제하는 것이지요. 어떤 경우든 피해자는 위해, 거부, 신체적 상해나 죽음의 공포로 인해 가해자에게 조절될 수밖에 없습니다. 강력한 공포와 무력함은 조작적 사고가 가능한 쾌적한 환경을 파괴합니다. 야노프 불만(1992)의 가정적 세계assumptive world 개념은 외상으로 인해 파괴되는 쾌적한 내면 환경/전이 공간의 또 다른 이름입니다. 우리는 외상 또는 학대 경험이 조절과 동화의 균형을 직접적으로 방해한다고 봅니다. 트라우마는 압도적이고 불가해한 경험이며 바로 그렇기 때문에 조절과 동화의 통합이 깨집니다. 구체적이고 조작적인 사고가 어느 한쪽으로 치우치는 것이지요. 피아제는 아동이 "시공간상 확장된 물리적 현실에 직면"하여 그것을 이해하지 못하면, "현실을 조절하지 않고 자아에 현실을 동화시켜버리거나 자신의 활동이나 재현을 즉시 동화하지 않고 조절해버린다"는 것에 주목합니다(1962: 283). 순수한 동화의 예에는 외상의 영향에 저항하는 수단으로 기존의 도식을 환기하거나 그로부터 해리되는 것이 포함됩니다. 그래서 사건 도중에 차림새를 가다듬거나 동요를 부르거나 부모를 소리쳐 부르는 등의 부적절한 행동을 하게 되지요. 반대로 기존의 도식이 붕괴되거나 사건의 구조에 부합하도록 수정되는 총체적 조절의 예로는 ① 가해자에 대한 애착이나 동일시 ② 전투 동안에 윤리적 존재로서의 의식을 포기하고 미쳐 날뛰는 짐승이 되는 것 ③ 강간 후에 영원히 더럽혀졌다고 느끼는 것 등을 들 수 있습니다. 이렇게 동화되지 못한 외상 경험의 파편은 말과 인지적 재현의 영역을 벗어나 플래시 백과 악몽으로 돌아오거나 개인의 행동과 자기 도식 전반에 스며들게 됩니다.

이런 견지에서 우리는 외상으로 인한 심리적 손상의 병인론적 근원이 조절과 동화의 와해라고 봅니다. 트라우마는 조절과 동화의 균형을 유지하는 능력을 파괴합니다. 피해자의 몸은 가해자의 요구에, 자연 재해에, 학대 상황에 조절되어야 하며, 마음은 외상 시나리오가 함축하는 자기와 세계의 새로운 정의에 굴복하거나 해리를 통해 사건의 순수한 동화로 물러나버립니다. 외상의 주요 손상은 이 평형의 근본적 와해에서 비롯되며, 그것은 곧 분별력이 결여된 외상 도식이라 할 수 있습니다.

그러므로 우리는 외상 분야에서 여러 연구자들이 주목한 다양한 증상과 과정이 모두 개인의 분별 능력의 근본적인 손상에서 파생된 것이라고 봅니다. 외상 당시 개인의 내면 상태(연령, 질병 및 기타 스트레스 요인에 의한 취약성)와 외상이 의미와 기능의 다양한 영역에 영향을 준 정도에 따라, 도식의 좁거나 넓은 영역에서 분별력에 결함이 생깁니다. 그리고 시간이 지나 외상 도식이 새로운 경험에 적용되면서, 분별력의 손상은 외상 사건과 직접 관계가 없는 다른 기능 영역으로 퍼져나가게 되지요.

TCGP 모델은 분별력의 혼란이 일차 부작용이고, 그것이 시간이 경과하면서 이차 부작용으로 발전되며, 최종적으로 삼차 부작용을 초래한다고 봅니다. 그림 2.1은 이 모델을 보여줍니다.

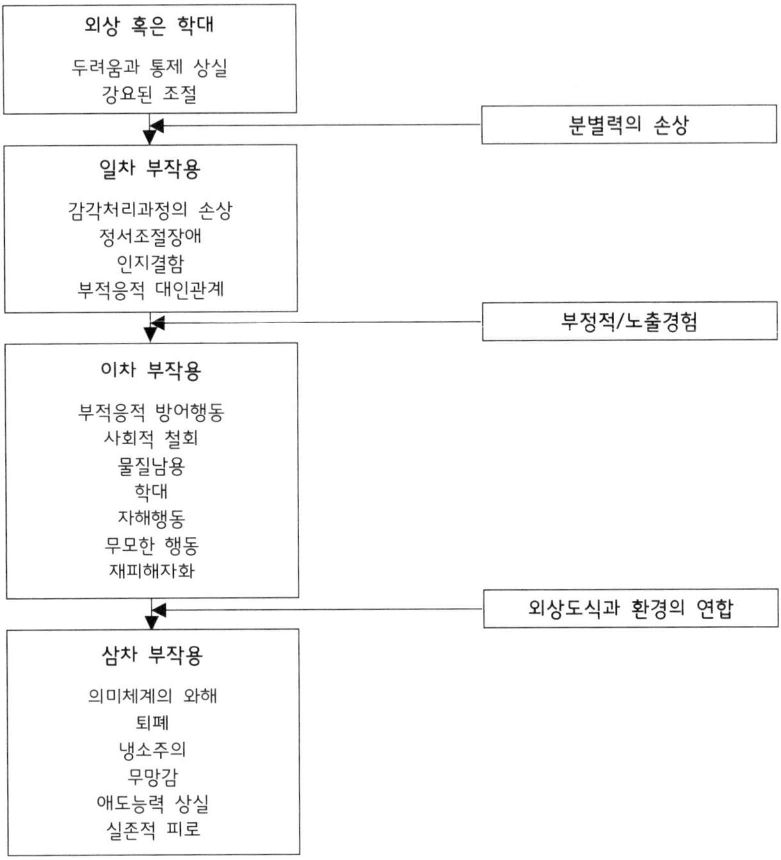

그림 2.1

1. 외상적 무분별의 일차 부작용

분별력의 손상은 감각, 정서, 인지, 대인관계의 경험의 모든 차원에 영향을 미칩니다. 조절장애의 일차 증상은 이들 영역에서 나타나며 분별력의 손상 정도와 간접적인 관련을 보입니다. 이 일차 부작용에는 PTSD의 주요 증상(재경험, 회피, 과각성)과 DESNOS의 일부 증상(정서 조절장애, 대인관계 손상)이 포함됩니다.

1) 감각 처리과정의 손상

감각운동 영역에서 분별력의 손상은 신체 내적 상태(곧 근운동/자기자극 감각)뿐 아니라 외적 자극(곧 지각적 감각)의 지각에도 문제를 일으킵니다. 증상은 내면의 긴장에 고도로 민감해져서 그것이 신체화, 전환 증상, 만성 통증으로 나타나기도 하고, 거꾸로 극히 둔감해져서 현실감 상실이나 신체 마비를 가져오기도 합니다. 지각 자극 조절장애는 증상의 재경험(즉 플래시 백, 침투적 기억)이나 건망증과 해리 증상으로 나타납니다.

2) 정서 조절장애

정서 영역에서 분별력 손상은 정서 상태가 포괄적이고 모호하고 예측하기 어렵기 때문에 기분을 불안정하게 만듭니다. 정서는 감정 마비, 흥미 상실로 저하될 수도 있고, 반대로 고조되어 과민함, 깜짝 놀람, 불면증의 과각성 증상으로 나타나기도 합니다(울프스도르프 & 즐롯닉, 2001). 또 이 과정은 넘침과 절제가 번갈아 나타나는 또 다른 방식을 취하기도 합니다.

3) 인지 결함

인지 영역의 분별력 손상은 의심과 편집적 사고뿐 아니라 여러 가지 회피 증상으로 나타납니다. 인지행동 학자들은 특히 외상 피해자의 회피적 사고와 행동에서 인지 기능의 중요성을 밝혀냈습니다(벡 & 에머리, 1985; 포아 & 코작, 1986; 레식 & 쉬니케, 1993). 실제로 이 그릇된 여러 가지 사고 유형(예를 들어 과장/축소, 정보 무시, 과단순화, 과일반화, 마음 읽기)

이 뚜렷하게 손상된 분별력의 예라 할 수 있습니다. 가령 강간을 운명이 아니라 일회적인 사건으로 바라보는 분별 있는 반응은, 모 아니면 도가 아니라 전체와 부분을 구별하는 능력이 있음을 입증해줍니다. 인지 결함은 또한 부정과 무모한 행동에서 드러나는 것처럼 위험의 존재를 최소화하는 역회피적인 사고를 촉진하기도 합니다(글로디치 & 알렌, 1998). 이 과정은 "이분법적 사고"라는 또 다른 이름으로 불리기도 합니다.

4) 부적응적 대인 관계

강요된 조절은 최초의 공포 반응을 자기와 타자의 모호한 경계와 연결 지음으로써 대인관계 분별력에 변형을 가합니다. 이 경계상의 모호함은 타자가 자기를 침투하여 잠식할 가능성을 자극하기 때문에, 침투 불가능한 비현실적 경계 환경(즉 고립, 광장공포증에서처럼)이나 타자와의 융합(즉 재피해자화, 가해자의 이상화에서 나타나듯이)을 통해서라도 회피하고 싶게 만듭니다. 따라서 피해자는 타자와의 친밀한 상호작용에서, 타자와 하나가 되거나 완벽하게 분리됨으로써 자신을 보호하려 들기 마련이지만, 어떤 경우든 자발적인 선택이 불가능합니다. 독립적으로 생각하거나 행동하려 들면, 세상에 그런 불운을 겪는 사람이 자기 밖에 없는 것처럼, 그것이 엄청난 위험을 감수하는 일로 느껴지기 때문이지요. 그래서 외상 집단에서 나타나는 유사응집의 역동은 분별에 대한 두려움에서 그 추진력을 얻습니다(파슨, 1985; 반 데르 콜크, 1987).

2. 외상적 무분별의 이차 부작용

이 일차 부작용에 반응하여, 피해자는 부적응적 방어 행동을 통해 증상과 고통을 감소시키려 합니다. 외상에 대한 이 이차적 적응은 강박적이고 회피적인 방어 행동뿐 아니라 투사, 반동 형성, 부정 등 혼란스러운 경험을 축소하고 회피하는 다양한 방어기제로 표현될 수 있습니다. 그런 행동에는 사회적 철회, 학대, 재피해자화, 무모한 행동, 물질 남용, 자해 행동 등이 있습니다(클라슨, 쿠프만, 네빌-매닝 & 스피겔, 2001; 글로디치 & 알렌, 1998; 나자비츠, 바이스, 쇼 & 무엔츠, 1998). 이 부적응적 방어 행동이 나타나는 정도는 아마도 외상 사건의 노출에 대해 피해자가 환경으로부터 얼마만큼 부정적 반응(가령 거부, 비난)을 경험하는가에 따라 다를 것입니다. 추측컨대 피해자가 불안에 맞서 사회적 방어를 공유할 힘이 없을수록 개인적인 방어에 더욱 의지하게 될 것입니다.

아동기 외상의 경우에, 이 이차 부작용은 성장하는 아동의 대인관계에 영향을 줄 것이며, 그 결과 불신, 철회, 편집증, 자기 파괴적 행동이나 감정격발로 통합될 가능성이 큽니다. 수년에 걸쳐 이 같은 방어기제를 택한다면 그것은 피해자의 성격에 영구적인 변형을 가할 수 있습니다(푸트넘, 1989; 슐츠, 1990). 사람에 따라서는 이런 변형이 애초의 외상과 크게 상관없이 자율적으로, 경계선이나 반사회적 유형의 성격 장애로 나타나기도 합니다(루빈, 존슨 & 사우스윅, 1996).

이 같은 방어 행동은 대개 개인의 환경과 갈등을 일으킵니다. 그때 환경은 대체로 쾌적하고 외상 도식에 물들지 않은 것으로 가정하지요. 하지만 많은 경우에 이 부적응적 방어 행동은 그런 환경에서 기대되는 것과 크게 다르지 않으며, 그래서 개인의 외상 도식과 인접한 환경 사이에 모종의 연합이 발달하곤 합니다. 그 연합이 강고할수록 피해자에게는 모순된 정보가 제공되며, 그것이 다시 병리적인 상황을 지속시키지요. 새로운 경험은 점점 더 외상적이고 고통스러운 그림으로 동화되며, 그 결과 만성 질환을 가져오게 됩니다(블로흐, 1987). 예를 들어 사람들로부터 자신을 고립시키는 것은 친구를 줄어들게 하고, 위험을 자처하는 무모한 행동은 재외상을 입을 확률을 높이며, 물질 남용은 정서 조절능력의 손상을 가중시키는 식이지요.

3. 외상적 무분별의 삼차 부작용

외상 도식의 지배를 받아 그에 부합하는 삶의 구조 속에서 살다보면 의미 체계가 와해되는 삼차 부작용(즉 퇴폐, 냉소주의, 무망감, 애도능력 상실, 실존적 피로)을 피할 수가 없습니다. 환경과의 상호작용 결핍과 고립의 강화, 외상 도식과 어긋나는 경험의 부족, 증상과 자원 상실로 인한 지속적 고통은 적응을 향한 남은 노력마저 먹어치웁니다. 그리하여 적절한 개입이 없다면, 질병의 과정은 외상 후 쇠퇴(티치너, 1986)로 관찰된 상태, DESNOS의 증상으로 악화됩니다.

4. 단순 PTSD와 복합 PTSD의 관계

복합 PTSD의 진단적 규준과 DESNOS로 알려진 것의 증상은 거의 일치합니다(펠코비츠 외, 1997). 이 규준은 해당 장애를 가진 참여자에 대한 임상 지식에 근거하여 현상적으로 정리한 것이며, 앞서 제안한 발달 모델은 이들 결함을 잘 예언합니다.

DESNOS의 개념은 아동기 외상의 복합성과 그 장기적 후유증을 포괄하는 단순 PTSD를 넘어선 진단적 형식을 제공합니다(허먼, 1992b). 주로 학대 발생 연령과 지속기간에 따라, 그리고 지지적이지 않은 환경에서 적응을 위해 방어기제에 의존한 정도에 따라, 외상 피해자는 성격, 대인관계, 행동에서 누진적인 손상을 경험할 수 있습니다.

TCGP 모델에서 재경험, 회피, 과각성과 같은 PTSD의 고전적인 증상은 외상의 즉각적인 결과입니다. 분별력의 근본적인 손상은 처음에는 외상 사건에 직접 연결된 도식에 제한되지만, 그것을 오랫동안 반복 사용하면서 그 영향력은 더 넓은 맥락에서 점점 강해질 것이며, 그리하여 종국에는 DESNOS, 복합 트라우마 혹은 최근에는 발달 외상 장애(반 데르 콜크, 2005)라 다양하게 불리는 증상으로 귀결됩니다. 그러므로 DESNOS 환자 대부분이 PTSD를 함께 갖고 있는 것이 놀랄 일이 아니며, 이 관계는 외상 사건 이후의 시간이 길어질수록 강고해집니다(로스, 뉴먼, 펠코비츠, 반 데르 콜크 & 멘델, 1997).

그러므로 성인기의 단일한 외상은 더 넓은 맥락에서 외상을 개념화할 때 특별한 사례로 간주될 수 있습니다. 그 경우에 외상 전 도식과 외상 후 도식의 차이는 비교적 한정적일 것이며, 따라서 아동기 외상 환자에 비해 쉽게 접근할 수 있을 것입니다. 한편 DESNOS 증상은 질환의 자연스러운 진행이며, 거기서 PTSD 증상은 첫 번째 양상에 불과합니다. 이 모델은 우리가 성인기의 단일한 외상 사례에서 나아가 외상 경험이 많고 전반적인 정신질환이 있으며 이질적인 외상을 겪은 참여자를 포괄하는 개입을 고안하도록 촉진합니다. 이제부터는 TCGP의 기본적인 개입 전략을 설명하겠습니다.

외상 중심 집단심리치료의 개입 전략

1. 목표

이상의 가설에 기반 하여 TCGP는 세 가지 수준의 손상을 모두 다룹니다. 일차 부작용은 참여자가 힘든 상황에서 분별 있는 반응을 하도록 돕는 방식으로 개입합니다. 이는 참여자들 사이의 차이를 이용해 외상 도식을 끌어내고 모순된 정보에 직면시키는 치료 환경의 안전함 속에서 성취됩니다. 집단은 아무리 동질적이라 해도, 그 고유한 다중성 덕분에 분별을 다룰 수 있는 다양한 기회를 제공해줍니다. 분별력이 갖추어지면 참여자들은 증상/질병을 다룰 수 있는 더 풍부한 자원을 해방시켜 미래로 나아갈 수 있습니다.

TCGP에서 트라우마/질병과 자기를 분별하는 과정은 세 가지 방식으로 이뤄집니다. 첫 번째는 치료사가 집단의 경험, 외상 역사, 사회적 맥락의 차이를 구체적으로 강조하는 것입니다. 외상 사건 내에서 이질성에 대한 인식은 자연적인 사회적 맥락(예를 들어, 직장, 지역사회, 사회)에서 참여자들이 직면하는 다양성을 복제하며, 그럼으로써 외상적이지 않은 도식에 조절되도록 연습할 수 있는 기회를 줍니다. "나와 똑같은 일을 겪지 않고서는 아무도 나를 이해할 수 없다"는 합리적이지 못한 생각이 다양한 사회적 맥락의 한가운데서 이해와 지지를 받음으로써 제거되는 것입니다.

두 번째로 참여자들에게 남아 있는 인간적 강점을 적극적으로 드러내어 회복을 위해 다시 활성화합니다. 지성, 유머, 창조성, 기지와 같은 인간의 보편적인 특성은 외상의 영향에도 불구하고 사라지지 않지요. 창조적일 수 있고 다른 사람을 돌볼 수 있으며 사회에 기여할 수 있는 힘 역시 집단의 안전한 환경 내에서 재발견됩니다(블룸, 1997). 그리하여 외상 경험이 아니라 그 성격의 독특한 측면이 참여자들을 집단 치료의 상호작용에서 개인으로 정의하게 합니다. 증상과 "고착 지점"을 발생시키는 것이 바로 이 외상 이전의 긍정적 특성과 외상 도식의 갈등입니다(레식 & 슈니케, 1993).

가장 중요한 세 번째 방식은 집단의 상호작용 내에서 외상 경험이 재연될 때 치료사가 직접적으로 참여자를 과도하게 일반화된 반응에 직면시키는 것입니다. 그렇게 하면 어쩔 수 없이 회기마다 한두 명의 주인공이 집단과 치료사의 상호작용을 통해 자신의 외상 도식을 노출하고 다루게 됩니다. 치료사는 주인공에게 집중하여 왜곡되지 않은 실제 현실을 발견하게 함으로써(곧 다른 참여자들에게 주인공에 대한 생각과 느낌을 질문하는 것) 외상 도식과 양립 불가능한 정보에 정면으로 부딪치게 합니다. 이 과정은 주인공이 그 순간 자신의 반응을 분별하도록 압력을 가합니다.

이차 부작용은 부적응적 방어 행동의 본질과 변형의 필요성을 교육하는 방식으로 다룹니다. 참여자들은 방어 행동이 실제로 보호 기능을 하고 있는지를 묻고, 대안적인 대응 전략을 학습합니다. TCGP는 교육적 형식 속에서 인지적인 거리두기 기법을 활용하여 PTSD를 피해자의 동기와 성격과 역사와 별개의 질병으로 이해하도록 돕습니다. 외상과 그 회복에 관한 교육을 통해 참여자들이 질병과 자기 자신의 경계를 확립하게 되는 것입니다.

퇴폐 및 실존적 피로와 같은 삼차 부작용은 사회 환경과 외상 도식의 연합에 균열을 일으켜 새로 경험한 분별된 반응이 자리 잡도록 돕는 방식으로 접근합니다. 이는 일반적으로 일상에서의 행동 변화와 집단과정 말미의 치유 의식을 위해 가족과 친구들을 상대로 고백을 준비하면서 일어납니다. 치유 의식에서 참여자들은 외상을 어떻게 재현할 것인지를 주도적으로 준비하여 가족과 그 밖에 관심 있는 사람들로 이뤄진 관객에게 그것을 보여줍니다. 참여자가 공적 무대에서 외상 경험을 공개하는 것은 사생활이 아닌 상호성의 은유로 작용합니다. 외상을 더 이상 혼자서 감당하지 않는 것이지요. 회복 과정에서 그렇게 다시 한 번 자기와 외상의 분별이 일어납니다.

2. 구조

TCGP 모델에서 강의는 일차, 이차, 삼차 부작용을 거칠게나마 그 순서에 따라 다루도록 안배되어 있습니다. 그러니까 1단계 강의는 신체화, 정서 조절, 인지 결함, 부적응적 대인관계를 다루고, 2단계에서는 사회적 철회, 물질 남용, 무모한 행동, 재피해자화, 감정 쓰레기 등의 부적응적 방어 행동에 관한 강의를 합니다. 3단계 강의는 퇴폐, 무망감, 애도 능력 상실의 삼차 부작용에 초점을 맞춥니다. 과정 말미의 졸업 의식은 가족과 친구에게 직접 고백을 함으로써 기존의 외상 도식과 연합된 사회 환경의 붕괴를 의도합니다.

3. 교육

외상의 영향과 그 후유증에 관한 정보를 제공하는 것은 치료의 본질적 측면입니다. 참여자에게 학생 역할을 부여함으로써 치유 과정을 구체화하는 것이지요. 학습은 연습과 반복의 연속이며, 치유를 일종의 교육 과정으로 간주하는 것은 시행착오를 통해 학습에 대한 저항을 감소시킵니다. 외상 경험을 은유로 설명하는 것(즉 심리적 마비는 상처에 흉터가 남는 것과 같다)은 외상이 영향을 미치는 방식을 쉽게 이해할 수 있게 해줍니다. 외상 후 반응과 증상은 외상의 결과로서 분류되고 접근될 필요가 있습니다. 참여자들은 흔히 그것을 성격과 스타일이라 믿으며, 그래서 수치심과 부적절감을 갖곤 합니다. 어떤 행동이나 스타일이 증상이나 외상 후 적응 양상으로 밝혀지면, 그것은 더 이상 개인과 무관한 것이 되어 변화의 유리한 조건이 형성됩니다. 정연한 근거를 가지고 외상을 명명하는 것은 퇴행과 대체를 방지해 줍니다. 외상을 관심의 중심에 놓는 것은 역설적으로 그것을 탈중심화시키며, 그리하여 외상 대신 현재의 삶이 무대를 차지할 수 있게 해줍니다.

4. 경험적 학습

지연된 노출 모델이 일상 생활이나 회기 간 과제를 사용하여 분별을 촉진하는 만남을 독려하고(포아, 로스바움, 리그 & 머독, 1991), 인지 정보처리 모델이 인지 결함을 언어적으로 직면시키는 회기 내 과제에 좀 더 무게를 싣는다면(레식 & 슈니케, 1993), TCGP가 취하는 발달적 관점은 경험에 기초한 학습에 가치를 부여합니다.

반복적인 외상으로 수년에 걸쳐 자기 도식 전반이 극적으로 변형된 참여자들에게는 집단 회기의 상호작용적이고 경험적인 만남이 분별 있는 반응의 발달을 촉진하는 강력한 수단이 됩니다(얄롬, 1976). 짧은 강의는 지금 그리고 여기에서 외상 도식을 불러내고, 치료사와 다른 참여자들이 주인공에게 새로운 반응을 가르치거나 적어도 외상 도식을 와해시킬 수 있는 모순되는 정보를 끌어들일 수 있게 해줍니다. 집단 내 관계상의 마찰은 대개 분별에 대한 저항에서 비롯되며, 참여자들은 그것을 통해 외상 도식을 집단이나 치료사와의 지금 여기에서의 상호작용으로 확장합니다. 하지만 치료사는 이 투사적 사건을 통해 피해자의 세계에 접근함으로써 외상에 속한 것이 무엇이고 참여자에게 속한 것이 무엇인지를 구분하여 알려줄 수 있습니다. 그리고 그렇게 하면서 참여자가 내면의 경험과 외적 경험 사이의 와해된 경계를 재건할 수 있도록 돕습니다. 이 접근법은 지금 여기의 관계적 행동 속에서 교정적인 정보를 제시해야 하는 치료사에게 다양하고 무거운 부담을 지우지만, 우리는 그것이 주는 도전보다 혜택이 훨씬 크다는 것을 믿습니다.

chapter
03 집단 치료 과정과 규칙

trauma-centered group psychotherapy for women

참여자 선정과 사전평가

선정 과정은 치료사와 지원자가 한두 번의 심리적 면접을 하는 것으로 진행됩니다. 치료사는 이때 참여자의 외상과 개인사, 진단 소견, 현재 상황, 외상 치료에 대한 자발성, 집단 치료 과정에 대한 이해 정도를 파악해야 합니다. 선정 과정은 또한 이때 치료사와 참여자는 서로 어떻게 협력할 수 있는지 그리고 이 집단 과정이 참여자의 욕구와 기대를 잘 채워줄 수 있을 것인지를 판단하게 됩니다.

선정 회기 동안 치료사는 각 지원자에게 치료 절차와 구조, 곧 세 단계의 치료 과정과 졸업 의식을 안내합니다. 집단 과정에서 일어날 수 있는 저항을 예방하기 위해서는 사전에 집단 치료의 경계를 세우는 것이 매우 중요합니다. 따라서 사전에 회기의 구조, 이사회의 존재, 강의, 과제, 의식에 관하여 지원자에게 설명할 필요가 있습니다.

외상 경험은 아동기나 성인기, 최근이나 오래전에 일어났을 수 있으며 단발성이거나 반복적일 수도 있습니다. 이것은 신중하게 정의되고 표현되어야 하며, 외상이 있었을지도 모른다는 모호한 느낌만으로는 이 집단 경험에서 혜택을 받을 수가 없습니다.

TCGP는 강력한 학습 요소를 갖고 있기 때문에 가급적 참여자에게 인지적 손상이 없는 편이 좋으며, 선정 과정에서 정신증이 심하거나 정신 장애가 있는 참여자를 배제합니다. 아동기 초기에 외상을 입은 환자들은 흔히 위기 상황에서 사고 손상을 나타내는 경향이 있지만, 그런 경우는 지속적으로 정신증 수준의 사고를 보이는 참여자와 구분되어야 합니다. 선정 단계에서 치료사가 할 일은 이 특정한 집단 경험으로부터 혜택을 받을 수 있는 참여자를 선별하는 것입니다.

선정 과정에서 제외해야 할 또 다른 대상은 직전에 자살을 시도했거나 그에 적극적인 경우입니다. 하지만 만성적 자살 사고를 가진 참여자는 배제하지 않습니다. 외상 환자는 일반적으로 실존적 피로를 반영하는 만성적 자살 사고 경향이 있기 때문입니다. 물질 남용을 한 적이 있는 참여자에게는 집단 치료를 시작하기 전에 충분한 금주 기간(대개 6개월)을 가져야 함을 설명합니다. 집단 과정 중에 물질 남용이 재발하는 경우에는 해당 참여자의 개인 치료사와 참여 지속 여부를 논의하게 됩니다.

선정 과정의 마지막에는 치료사가 집단의 목적에 상응하는 구체적인 치료 목표를 참여자와 설계합니다. 일반적으로 지원자는 개인 치료를 지속하도록 안내합니다. 그것은 개인치료가 집단 과정에 도움이 되기 때문이며, 개인치료를 받지 않는 경우에도 집단에 합류할 수 있습니다.

TCGP 작업은 다양한 유형의 외상 환자가 섞여 있을 경우에 가장 효과적이기 때문에, 선정 과정에서 특정한 유형의 외상이 지배적이지 않도록 집단의 전반적 구성을 안배하는 것이 중요합니다.

기타 고려사항

다른 참여자를 치료사와 자신의 시간을 방해하는 존재로 여긴다거나 하는 구조적인 이유로 집단 치료를 싫어하는 경우는 좋은 참여자가 되기 어렵습니다. 반대로 고립이나 수치심 등의 개인적인 주제로 집단 치료를 두려워하는 참여자들은 집단에 훌륭하게 녹아드는 것을 볼 수 있습니다.

자기애적 성격 장애가 심한 참여자들은 관심의 초점이 자신에게 주어지지 않기 때문에 집단 환경에 적응하기가 쉽지 않으며, 그러므로 사전 평가 단계에서 집단을 견디는 능력을 파악하는 것이 좋습니다.

해리 증상이 심한 경우는 집단 환경 속에서 해리 경험을 살펴볼 필요가 있습니다. 현재와 다시 연결되도록 돕는 것은 무엇일까? 해리 증상이 나타났을 때 치료사에게 무엇을 기대하는가? 개인 치료에서 도움이 된 것이 있다면 무엇인가? 그동안의 경험으로 볼 때 치료사가 해리를 두려워하지 않는다고 느낄 때 발작이 감소하는 경향이 있습니다. 그러므로 강한 해리 증상이 있다고 해서 집단에서 배제할 필요는 없습니다.

사전 모임에서 점검해야 할 또 다른 주제는 권위와 관련된 문제입니다. 집단 환경은 치료사에게 모종의 경영 기능을 수행할 것과 특히 교육 형식에서 "전문가" 역할을 해 줄 것을 요구합니다. 참여자들은 가해자가 권위를 인정받는 인물이었다든지 하는 식으로 외상과 관련된 권위의 주제를 갖고 있을 수 있습니다. 그런 경우 권위 "문제"는 외상 시나리오로의 접근을 촉진하겠지만, 반면에 성격 장애나 사회적 역할 때문에 치료사의 권위를 잘 받아들이지 못하는 참여자도 있을 수 있습니다. 심리치료 전문가이면서 참여자인 경우에 때때로 그렇듯이 말이지요. 만일 권위 주제가 참여자에게 지나치게 방해가 된다면, 집단 치료는 최선의 선택이 아닐 수도 있습니다.

치료 단계

외상은 삶의 전반에 영향을 미치며, 그것은 대체로 자기에 대한 감각, 대인관계 능력, 세계와의 관계로 나뉩니다. 따라서 외상 치료는 이 영역을 다룰 필요가 있을 것입니다. TCGP는 삶의 각 측면에서 외상의 영향을 세밀하게 탐험할 수 있도록 세 단계로 구성됩니다.

1단계(5주)

첫 단계의 과제는 외상이 개인의 운동감각, 정서, 인지 영역에 미친 영향을 탐험하는 것입니다. 이 단계는 각 참여자가 자신의 외상 경험을 집단과 함께 살펴보고 다른 참여자와 치료사로부터 피드백과 지지를 받는 것으로 시작하여, 강의에서는 외상 사건이나 학대에서 비롯된 수치심, 공허, 분노, 정체성 혼란의 주제를 다룹니다. 집단에서 처음으로 외상을 노출하는 것은 치료 과정에서 대단히 중요한 지점으로, 사례 3.1은 한 여성의 예를 보여줍니다.

사례 3.1: 리사

리사는 48살의 혼혈 기혼여성이다. 그녀는 어린 시절부터 사춘기가 될 때까지 아버지에게 성적 학대를 당했다. 엄마에게 사실을 알렸지만 엄마는 딸의 말을 믿지 않고 오히려 남편이 예쁘지도 않고 매력도 없는 리사를 성적으로 건드리고 싶어 할 이유가 없다며 비난을 거듭했다. 리사 자신도 못난 얼굴과 무뚝뚝한 성격이 학대받아 마땅한 이유라고 믿었다. 그녀는 당연히 사람들에게 거부당할 것이라 기대하면서 극히 사소한 긍정적 반응도 고마워 어쩔 줄 모르는 자신감 없는 사람으로 성장했다. 그럼에도 결혼을 했고 다섯 명의 자녀를 안정감 있고 원만하게 잘 길러냈다. 그녀는 어린 시절의 일을 떠올리거나 다른 사람에게 노출하지 않았다. 그런데 최근에 업무와 관련한 스트레스로 우울 증상이 심해지면서 학대에 대한 악몽과 플래시 백을 경험하기 시작했다. 공포에 질린 그녀는 치료사에게 속내를 털어놓았고 그러면서 가족, 특히 남편을 멀리하기 시작했다. 식구들이 자신의 "추한" 역사를 알게 될까봐, 원가족이 그랬던 것처럼 자신을 거부할까봐 두려웠던 것이다. 두려움이 커질수록 그녀는 더 가족을 멀리하면서 심한 거부를 나타냈으며, 그것이 남편과 아이들을 고통스럽게 했다(하지만 자녀들에게 좋은 엄마라는 자부심이 컸기 때문에, 가장 고통받는 사람은 리사 자신이었다). 그녀는 TCGP에 참여하여 작업을 성공적으로 마쳤다.

프로그램의 첫 단계에서 그녀는 말이 없었고 집단에서 물러나 다른 참여자들이나 치료사와 거의 눈을 맞추는 법이 없었다. 하지만 외상을 공개한 뒤에 집단은 제대로 된 부모를 만나지 못했음을 안타까워하며 그녀를 따뜻하게 지지해 주었다. 리사는 집단으로부터 우호적인 반응을 얻자 놀라서 눈을 아래로 깔고 의자에서 몸을 앞뒤로 흔들었다. 치료사는 리사에게 엄마가 그랬던 것처럼 다른 참여자들이 거부와 모욕으로 반응하기를 기대하느냐고 물었다. 그녀는 그렇지 않다고 고개를 가로저었지만 눈을 들지는 않았다. 치료사는 그녀가 받은 학대를 어떻게 생각하는지 그리고 그녀에 대해 어떻게 느끼는지를 다른 참여자들에게 물어보라고 권했다. 무진 애를 쓴 끝에 리사는 한 사람씩 눈을 맞추며 질문을 할 수 있었다. 많은 사람이 그녀 내면의 아름다움과 자녀를 사랑으로 품는 능력을 칭찬하여 포근하게 감싸주었다. 이 경험은 리사가 처음으로 외상 경험과 자기 감각 사이에 경계를 세울 수 있게 해주었다. 이후 몇 주 동안 리사는 훨씬 더 활기차고 자발적으로 작업에 참여했으며, 나중에는 친밀하고 지지적인 남편을 목격자로 초대하여 외상 경험을 공개하였다.

2단계(6주)

2단계의 과제는 참여자의 대인관계와 부적응적 방어 행동에 대한 외상의 이차 부작용을 탐험하는 것입니다. 강의 주제는 사회적 철수, 물질 남용, 감정 쓰레기, 무모한 행동을 다룹니다. 대인관계의 어려움은 처음에는 적응적이었지만 현재에는 더 이상 어울리지 않음에도 불구하고 여전히 낡은 외상 후 방어기제를 사용하는 데 원인이 있습니다. 그래서 2단계에서는 참여자들이 엄격한 외상 도식이 부여한 제약 대신 자발적인 상호작용을 통해 자유를 실험하도록 촉진합니다. 사례 3.2는 2단계 과정을 잘 보여줍니다.

사례 3.2: 수잔

수잔의 부모는 그녀가 10대 때 헤어졌다. 수잔은 부모의 재결합을 바랬기 때문에 별거를 원치 않던 아버지를 이상화하고 다른 남자를 만난 엄마를 매우 못마땅해 했다. 별거 직후에 수잔의 아버지는 아내의 새 남자친구를 살해하고 자살로 생을 마감했다. 지난 25년 동안, 수잔은 일체의 사회적 접촉 없이 침실 하나인 아파트에 자신을 가두었다. 1단계 과정에서 그녀는 말은 없었지만 다른 참여자들을 유심히 관찰했다. 집단에게 외상 경험을 공개할 때는 별일 아니라는 듯 아무런 감정 없이 이야기를 했다. 그런데 2단계 과정에서 고립에 관한 강의(9회기)를 들은 직후에 어떤 자극을 받았는지, 그 편이 안전하기 때문에 "감옥"에 머무를 수밖에 없다고 자신을 설명했다. 그것이 외상 경험과 어떻게 관련되는지 묻자, 그녀는 살인과 자살과 결혼의 무의미함을 건조하고 장황하게 늘어놓았고, 이야기를 들은 참여자 중 일부는 어떻게 그렇게 화도 내지 않고 침착할 수 있는지 궁금해 했다. 수잔은 엄마는 비난받아 마땅하지만 아버지는 죽지 않기를 바랐었다고 말했다. 그리고 어떻게 되었다면 더 좋았겠느냐고 치료사가 묻

> 자, 눈물을 흘리며 아버지가 차라리 엄마를 죽이고 감옥에 갔더라면 좋았을 것 같다고 처음으로 소망을 표현했다. 그렇게 그녀는 여전히 아버지를 마음에 담고 있었다. 치료사는 그녀가 자신을 "감옥에 가둔 것"이 아버지와의 연결을 유지하기 위한 것은 아닌지 질문했다. 이 개입은 그녀의 외상 도식을 드러내 주었다. 수잔은 울먹이며 외상 경험을 상세하게 공개했고, 집단은 그녀를 따뜻하게 지지하면서 "감옥에서 나와 새 삶을 시작하도록" 조언했다. 이후 몇 주에 걸쳐 수잔은 집단 참여자에서 시작하여 나중에는 직장 동료들로 사회적 연결망을 확장하기 시작했다.

3단계(5주)

세 번째 단계에서는 도덕적 타락, 외상에도 불구하고 삶의 의미 찾기, 중요한 상실을 애도하는 능력을 포함한 외상의 삼차 부작용을 탐험합니다. 외상으로 인한 손상을 회피하는 대신 애도와 고백을 통해 오늘의 삶 속에서 상처를 재생시키고 보상하는 것이 중요합니다. 따라서 3단계에서는 회기 중에 적응적 대응 전략을 탐험하고 과제의 형태로 집단 밖에서 그것을 연습하되, 수용을 촉진하고 의미를 생산하기 위해 역량강화 방법을 사용합니다. 가령 집단에서 경험한 것을 반영하는 창조적 프로젝트를 진행하는 식이지요. 16주의 마지막에는 집단 과정을 완결하는 졸업 의식이 열립니다. 참여자들은 모두 졸업 의식의 목격자가 되어줄 사람을 초대합니다. 이것은 외상이 참여자의 삶과 관계에 미친 영향을 공개적으로 소통하기 위함입니다. 외상 경험의 노출 정도는 참여자가 결정합니다. 의식은 수치심과 고립이 역량강화와 지지로 대체될 수 있는 독특한 사회적 맥락을 제공해줍니다. 졸업생들의 글과 예술작품은 "침묵을 깨는 책"에 실리고 집단 공간에 전시되어 장래의 참여자들에게도 공개됩니다. 졸업 의식은 무의미하고 고통스러운 외상 경험을 혼자 짊어지는 대신 사람들과 공유할 수 있는 이야기와 고백으로 변형합니다. 그렇게 함으로써 외상 경험에 대한 참여자의 은밀한 집착을 깨뜨립니다. 창조 과정이 하나의 은유로서 자기를 재현하고 외상을 추방하는 행위로 기능하는 것이지요.

사례 3.3은 이 세 단계를 거친 한 여성의 작업을 잘 보여줍니다.

사례 3.3: 루스

루스는 이제 22살이다. 그녀는 부모가 이혼하고 1년 뒤인 12살 여름에 아버지를 만나러갔다가 그에게 성폭행을 당했다. 루스는 부모의 이혼에 죄책감을 느꼈고 그래서 학대를 받아도 싸다고 믿었으며 그 일에 대해 일체 함구했다. 18살에 심각한 PTSD 증상으로 응급실에 입원했지만 그때도 아무 말도 하지 않았다. 그러다 신문 광고를 보고 TCGP에 지원했다.

1단계 동안, 루스는 말이 없었지만 다른 참여자들의 언어적이고 비언어적인 소통을 주의 깊게 지켜보았다. 참여자들이 두려움을 이야기할수록, 오히려 그녀는 감정을 드러내기가 힘들다고 느꼈고 급기야 자신의 경험을 다른 사람과 공유할 수 없다고 단호하게 말했다. 집단은 그럼에도 불구하고 그녀가 자신의 이야기를 시작하도록 격려했다. 어떤 참여자들은 외상을 감추었던 때를 회상하며 고통을 솔직하게 드러냈을 때 그 무게가 얼마나 가벼워졌는지 자신의 경험을 전해주기도 했다. 루스는 외상을 공유한 다른 참여자들의 용기가 부럽다고 했다. 치료사는 루스가 자신의 싸움을 말할 수 있게 된 것을 축하했고, 그럼으로써 집단이 그녀가 두려움을 극복하도록 도울 수 있게 해주었다. 그녀는 경험의 내용은 다르지만 다른 사람들 역시 비슷한 감정을 느끼고 있음을 알게 되었다. 루스는 자신의 침묵이 이혼의 고통으로부터 부모를 보호하려 한 것임을 깨달았다. 집단은 부모가 자녀를 보호해야 하는 것이지 그 반대가 아님을 일깨워주었다. 이 통찰에 힘입어 루스는 아버지가 자신을 범한 것을 말할 수 있었다. 그녀는 그 과정에서 또다시 강렬한 수치심을 경험했고 학대에 대해 자신을 비난했다. 하지만 이후 회기를 반복하면서 자신이 부모의 이혼을 책임질 수 없으며, 보다 중요하게는 학대받을 이유가 없다는 결론에 이르게 되었다.

2단계에서 루스는 남자친구에게 외상 경험의 일부를 공개했다. 그녀는 그가 공감하며 잘 들어준 것에 대해 놀라워했고, 사람들이 왜 자신의 생각이 잘못되었다고 지적했는지를 이해하였다. 치료사는 그녀에게 집단의 지지를 의심하느냐고 물었다. 그녀는 고개를 끄덕였다. 이는 아버지의 학대에 대해 말한다면 아무도 자신을 믿지 않을 것이라는 외상 도식으로 인해 그녀의 현실검증 능력이 손상되었음을 보여준다. 치료사는 루스에게 의심을 검증할 수 있는 기회를 주었다. 그녀는 한 사람 한 사람에게 자기가 한 말을 정말로 믿느냐고 물었고, 예상과는 달리 따뜻하고 동정적인 반응을 얻었다. 치료사는 지지에 대한 의심을 거두고 집단의 지지를 기꺼이 수용할 것인지 물었다. 루스는 눈물을 흘리며 "네"라고 말했다. 참여자들은 그녀의 용기와 솔직한 접근에 흥분했다. 그 이후로 그녀는 적극적이고 지지적인 참여자가 되었다. 루스는 시련에 관한 희곡을 쓴 적이 있는데, 이 집단에서의 경험은 아직까지 어떤 이름도 붙이지 못하겠다고 했다. "아마 나 자신에게도 곧 이름을 붙일 수 있겠죠."

3단계에서는 집단 과정에 잘 융화되어 훨씬 밝고 말수도 많아졌다. 여전히 회피하고 물러나는 경향과 싸워야 했지만, 현재와 연결되도록 도와준 집단의 반응에 점점 더 솔직해졌다. 졸업 의식에서는 엄마와 남자친구를 목격자로 초대하여 희곡의 형식으로 외상 경험을 공개하였다. 다른 참여자들이 희곡의 여러 인물을 맡아 읽어주었고 루스는 해설자 역할을 했다. 딸의 이야기를 처음으로 들은 그녀의 엄마는 고통과 자랑스러움의 눈물을 흘렸다. 치료 과정을 통해 외상에 대한 루스의 태도는 변화되었다. 그녀는 더 이상 혼자서 짐을 지지 않았다.

집단 과정

개관

TCGP 모델의 강점은 매우 감정적이고 자극적인 기억을 떠올리는 데 필요한 안전하고 수용적인 환경을 제공하는 데 있습니다. 이것은 고도로 구조화된 형식과 치료사가 매 주 그것을 진행하는 일관성에 근거합니다. 참여자들은 탄탄한 구조와 일관성을 기대하고 거기서 평안함을 구합니다. 회기는 약 10분가량의 짧은 강의로 시작합니다. 그리고 대략 75분 동안 토론을 갖고 나머지 5분 동안 전체 과정을 정리합니다. 구조화된 처음과 끝은 개입의 수용적 기능을 강화해줍니다. 그래서 짧은 강의에 앞서 비공식적인 도입 활동을 갖거나 치료사와 대화를 하지 않으며, 마찬가지로 마무리 강의가 끝나면 바로 치료사가 퇴장합니다. 짧은 강의와 마무리 강의는 참여자들에게 인지적 거리두기를 가능케 함으로써 정서적 자극과 건드려진 상처를 담아낼 수 있도록 돕습니다. 이 보호 장치는 퇴행을 방지하는 데도 도움이 됩니다. 참여자들은 치료사가 오거나 떠나는 회기의 경계에서 퇴행하는 모습을 보이기도 하는데, 이상의 지침에 따르면 성공적인 집단 경험을 이끌어내는 데 크게 도움이 될 것입니다.

집단은 주 1회 90분씩 모두 16회기를 만납니다. 각 회기는 짧은 강의로 시작하여(약 10분) 의견을 나누는 토론을 진행하고, 내용을 다시 인지적으로 정리하면서 마무리합니다. 단계별로 강의 내용이 수록된 학습장을 배부하고, 회기마다 과제를 부여합니다(이 학습장은 부록 B에 포함되어 있다). 과제를 주는 이유는 참여자들이 회기 사이에도 집단에서 경험한 것을 생각할 수 있게 하기 위함입니다. 하지만 의무사

항은 아니며 회기 중에 검토하지도 않습니다. 참여자들은 토론 시간에 과제의 내용을 내놓기도 하고 그렇지 않을 때도 있지요. 치료사는 칠판을 사용하여 강의에서 중요한 점을 강조합니다. 이 같은 형식은 정서적으로는 거리두기를 가능케 하며, 칠판에 적힌 내용은 참여자들이 외상 경험을 보다 안전하게 탐험하도록 돕는 일종의 구체화 수단으로 기능합니다. 그리고 열린 토론에서는 특정한 외상 경험이나 방어기제와 관련하여 일부 참여자의 문제를 집중적으로 다룹니다. 새로 배운 지식에서 힘을 얻은 참여자들은 해당 참여자(주인공)의 반응에 지지적인 방식으로 직면할 것입니다. 이런 상호작용은 대개 양쪽 모두에게 이롭게 경험되지요. 한쪽은 격려와 안내를 제공하면서 효능감을 느끼고, 나머지 한쪽은 지지하기 위해 애쓰는 집단의 노력을 경험합니다.

토론 시간에 일어나는 치료사와 참여자의 상호작용은 흔히 외상의 주제를 상징적으로 예시합니다. 치료사는 외상 경험에 대한 목격자로 기능하며, 수용적인 양육자일 뿐 아니라 피해자가 해를 입는 동안 지켜보기만 한 무익한 방관자가 되기도 합니다. 어떤 경우든, 피해자의 외상 도식은 치료사와 집단을 포함하도록 확장되며, 그것은 외상을 과거의 사건으로 인식하는 것을 막기 위한 시도입니다. 하지만 피해자는 역설적으로 그 순간에 집단이 자신의 사적인 세계로 들어오도록 허용합니다. 치료사는 외상의 재연을 통해 사람과 외상, 현재와 과거를 명확하게 분별함으로써 이 도식을 변형할 수 있습니다. 그리고 참여자들이 고립 상태를 연대를 위한 힘으로 변형할 수 있도록 돕습니다. 집단과 치료사 모두가 목격자가 되어 주인공이 혼자서 끌고 온 외상의 짐을 나누어 지는 것입니다. 이렇듯 정서적 자극과 취약함이 고조되는 순간에는 숨기거나 억압했던 감정이 표출되곤 하지요. 4장에서는 이런 순간을 어떻게 다룰 것인지를 좀 더 자세하게 논할 것입니다.

회기의 말미가 되면 치료사는 칠판으로 돌아와 간단한 마무리 강의를 합니다. 그래서 다시 한 번 정서적 거리두기를 제공하고 토론이 급작스럽게 끝나지 않고 잘 갈무리되도록 합니다. 참여자들은 치료사가 떠난 다음에도 공간에 남아 이야기를 나누기도 합니다.

짧은 강의

짧은 강의는 외상과 관련한 주제를 교육적 형식이 제공하는 인지적 거리두기의 맥락으로 끌어들입니다. 적응적인 대응기제와 그것을 방해하는 외상 도식을 불러내기 위함이지요. 다시 말해 짧은 강의의 목표는 이중적입니다. 그 하나는 외상의 주제를 탐험할 수 있는 인지적 틀거리를 제공하는 것입니다. 참여자의 지성을 자극하여 외상에 영향받지 않은 자원을 활용하도록 돕는 것이지요. 외상에 대한 일반적인 반응이나 증상을 이해함으로써 참여자들을 안심시키는 한편, 자신의 상태에 관한 새로운 정보를 획득함으로써 회복 과정에서 만나는 도전을 더 잘 다룰 수 있도록 역량을 강화합니다. 이때 참여자들은 전에 신체적으로만 경험한 감정에 이름을 붙이고 표현하는 법을 익히게 됩니다. 지적 개념을 사용하는 것은 참여자가 외상과 관련된 감정을 수용하도록 돕습니다. 이런 방식으로 지적인 역량강화를 경험한 참여자들은 집단 과정을 더 흥미롭게 느끼고 그 치유적 힘을 보다 신뢰하게 됩니다. 짧은 강의의 또 다른 목표는 참여자들 내에서 외상 도식을 불러내는 것입니다. 이것은 참여자들이 강의를 듣고 그에 대해 서로 다른 목소리와 갈등하는 아이디어로 토론을 할 때 일어납니다. 분별에 대한 후속적 요구는 특정한 참여자에게서 다양한 외상 도식을 산출하는 매커니즘이 될 것입니다. 이것은 집단이 짧은 강의 후에 이어지는 토론의 외상 중심 작업에 빨리 몰입할 수 있게 해줍니다. 치료사가 기억해야 할 것은 짧은 강의의 내용이 이중의 목표, 곧 정보 제공과 동시에 갈등 촉발을 겨냥한다는 점입니다. 치료사는 강의의 요점을 설득하거나 논증하려 애쓰지 않으며, 대신 외상에 기반한 탐험을 시작하기에 앞서 불가피하게 일어나는 고통의 징후를 기다립니다. 치료사가 주제를 논할 때, 참여자의 내면에서는 외상(혹은 가해자)에 기반한 사고가 갈등을 일으킬 수밖에 없고 그것은 신체나 언어 반응에 뚜렷하게 드러날 것입니다. 그러므로 치료사가 할 일은 참여자들과 눈 맞춤을 유지하면서 외상 시나리오의 출현을 나타내는 미묘한 반응을 찾아내는 것입니다.

토론

짧은 강의는 토론을 위한 기반을 조성합니다. 토론은 집단 작업의 상당 부분을 차지하며, 대부분의 치료적 개입이 일어나는 과정입니다. 짧은 강의는 현재의 상호작용과 수행을 방해하는 외상 도식을 불러내고 그렇게 표면에 떠오른 장애가 치료 작업의 초점이 됩니다. 치료사는 강의 후에 짧은 사이를 가짐으로써 참여자들이 주제를 자발적으로 표현하도록 이끕니다. 집단이 침묵을 지킬 경우에는 도움 치료사나 치료사가 강의를 인상적으로 들은 참여자를 호명할 수도 있겠지요. 외상 도식의 출현을 나타내는 표식에는 표정이나 자세의 변화, 눈 내리깔기, 몸 흔들기, 해리, 한 곳 응시하기, 눈물 흘리기, 공포나 불안 반응, 집단이나 치료사 혹은 두 사람의 경직된 상호작용이 포함됩니다. 그 과정은 사례 3.4에서 나타나듯이 치료사가 관찰한 바를 알아차릴 때 시작됩니다.

사례 3.4: 레이첼

치료사 : 강의를 들으면서 레이첼의 몸이 긴장되는 게 보였어요.

레이첼 : 많이 불안해요.

치료사 : 몸의 어디서 긴장이 느껴지나요?

레이첼 : 가슴과 목이요.

치료사 : 몸을 적이라 말한 것이 학대를 상기시켰을까요?

레이첼 : (눈을 내리깔고 눈물을 흘리며) 네.

치료사 : 어릴 적 할아버지가 지하실로 데려갔을 때, 학대가 일어나는 동안 몸에서 어떤 긴장이 느껴졌나요?

레이첼 : 할아버지의 체중이 가슴에 실린 것과 숨 막히는 느낌이 기억나요.

치료사 : 그래서 적은 누구였을까요?

레이첼 : 몸이 날 배신했어요. 움직일 수가 없었고, 가슴이 너무 무거웠어요.

치료사 : 레이첼의 몸은 학대에 반응했을 뿐이에요. 레이첼을 배신한 것은 할아버지죠. 할아버지가 그러면 안 되었던 거죠.

레이첼 : (드러내놓고 울며) 모르겠어요.

치료사 : 레이첼, 고개를 들고 참여자들에게 몸이 당신을 배신했다는 그 신념에 대해 어떻게 생각하는지 물어보세요.

레이첼은 한 사람 한 사람에게 묻고 답을 듣기 위해 무진 애를 썼고, 집단으로부터 매우 따뜻하고 지지적인 반응을 받았다. 그들은 레이첼의 무구함과 할아버지의 책임을 온 마음으로 증언해 주었다.

치료사 : 레이첼, 참여자들이 말한 것을 믿나요?

레이첼 : 네.

치료사 : 그 말을 스스로 할 수 있을까요?

레이첼 : (떨리는 목소리로) 그건 내 잘못이 아니야.

이 사례에서 치료사는 외상 경험의 출현, 곧 할아버지의 성폭행을 거듭 경험하는 몸의 긴장을 감지했습니다. 그리고 레이첼이 현재의 증상/신체적 반응과 과거의 학대를 연결지을 수 있도록 도왔습니다. 하지만 레이첼은 자신의 몸을 적으로 여기는 현재의 시각과 과거의 외상 경험을 분별하지 못했고, 다른 사람들의 생각을 들으면서 외상 도식에 직면하고서야 비로소 집단의 지지를 받아들이고 잘못된 신념을 바꿀 수 있었습니다. 이 대화는 레이첼이 현재와 과거 그리고 자기와 트라우마를 분별할 수 있게 해주었습니다.

치료사의 목표는 현재의 논쟁에 스며들어있는 기저의 외상 경험을 드러내는 것입니다. 그럼으로써 과거 외상의 상황과 현재가 다름을 이끌어냅니다. 앞의 사례에서 치료사가 이를 성취한 방식은 레이첼이 공포 도식에 직면하도록 촉진한 것이었죠. 다시 말해 참여자가 학대 당시와 동일한 방식으로 모욕당할 것이라는 두려움을 갖고 있을 때, 다른 참여자들에게 자기 자신이나 외상 경험에 대한 생각을 물어 직접 확인하게 한 것입니다. 참여자는 그 과정에서 따뜻하고 지지적이고 반응을 받고 그럼으로써 모욕당할 것이라는 기존의 경직된 신념을 내려놓게 됩니다.

외상의 재연을 그 기원까지 추적하는 과정은 두 가지 목표를 갖습니다. 그 한 가지는 외상을 입은 개인의 내적 경험으로 들어가 외상 도식을 바꾸는 것입니다. 각성 수준이 올라갔을 때 완고한 외상 도식에 직면하게 함으로써 개입을 보다 강력하고 효율적으로 만드는 것이지요. 두 번째 목표는 집단의 다른 참여자들에게 외상 도식이 세계에 대한 지각을 어떻게 왜곡하는지를 보여주고 그것을 바꿀 수 있도록 추동하는 것입니다. 이 과정은 피해자가 실제로 절멸되지 않으면서 외상 경험 가해자와 대면하는 것을 목격할 수 있기에 전체 집단에게 매우 강력한 힘을 발휘합니다. 또한 집단은 주인공이 두려움을 무릅쓰고 외상 경험을 회상할 수 있도록 치료사가 안내하는 것을 지켜볼 수 있으며, 그것은 치료사와 치료 과정에 대한 집단의 신뢰를 고양시킵니다. 집단 과정에서 유발된 불안과 공포를 견뎌내는 치료사의 능력이 참여자들이 자신에게 필요한 기술을 발견하도록 돕는 것이지요. 그것은 또한 외상을 직접 다루는 것이 긍정적인 결과를 가져올 수 있으며, 피하는 것이 능사가 아님을 확신하게 해줍니다. 외상 도식은 짧은 강의 직후에 나타날 수도 있고 토론 과정에서 치료사나 다른 참여자가 외상 경험의 양상을 자극하여 떠오를 수도 있습니다. 외상 도식이 언제 나타나든 치료사는 그것을 민감하게 알아차리는 것이 중요하며, 혹 그렇지 못한 경우에는 회피와 침묵을 지지하는 결과를 초래할 수 있습니다.

특히 은밀한 방식으로 재연되는 외상을 감지하는 것이 중요합니다. 때로 긍정적인 감정을 표현하고 열정적으로 집단의 규칙과 기준을 지지하여 치료사와 집단으로부터 호의적인 반응을 이끌어내는 참여자가 있을 수 있습니다. 이런 행동을 의심하고 도전하기란 참 쉽지 않지요. 왜냐하면 치료사에게 그것은 다른 참여자들과의 대립적인 상호작용에서 물러나 쉴 수 있는 기회가 되기 때문입니다. 그러나 그 같은 행동은 가령 가해자에게 순응하던 외상 경험을 반영하는 것일 수 있으므로 간과해선 안 됩니다. 사례 3.5가 이 점을 잘 보여줍니다.

사례 3.5: 린

린 : 전 꽤 괜찮은 직원인데도 일하면서 늘 불안해요.

치료사 : 무엇이 그렇게 불안한가요?

린 : 실수를 해서 상사가 저에게 실망할까봐 항상 걱정이 돼요.

치료사 : 만약 상사가 실망을 하면 어떤 일이 벌어질까요?

린 : (눈물을 흘리며) 모르겠어요. 거기까지 생각해 본 적이 없어요.

치료사 : 지금 우는 건 제 질문에 대답을 하지 못하기 때문인가요?

린 : 잘 하려고 노력하고 있어요.

치료사 : 어릴 적에 아버지를 실망시키면 어떻게 되었었지요?

린 : 내가 못마땅할 때면 아버지는 어김없이 나를 더 모욕하고 학대했어요(성희롱).

치료사 : 어떻게요?

린 : (울면서) 제 이름을 불렀어요. 그리고 제가 아무 짝에도 쓸모없고 아무것도 되지 못할 거라고 말했어요.

치료사 : 린, 전 아버지가 아닙니다. 절대로 린을 무시하거나 모욕하지 않을 것입니다. 그러니까 저를 기쁘게 하기 위해 애쓸 필요가 없어요. 전 있는 그대로의 당신이 좋거든요.

린 : 긍정적이지 않으면 제게 화를 낼까봐 굉장히 걱정이 돼요.

치료사 : 린이 이 주제를 우리와 나눌 수 있어서 기쁩니다. 결코 쉽지 않은 일이었을 텐데 말이죠.

린 : 정말 힘들었어요.

치료사 : 이제 다른 사람이 아니라 린 자신을 돌볼 차례입니다.

린은 훨씬 덜 불안해보였다. 다른 참여자들은 힘든 주제를 공유하기로 선택한 그녀의 용기를 지지했다.

여기서 치료사는 린이 아버지(가해자)로부터 자신을 지키려 했던 과거의 노력과 현재의 권위 인물(치료사)과의 관계를 구별하도록 도왔습니다.

마무리 강의

마무리 강의의 기능은 집단 작업을 정리하면서 토론의 학습 내용을 요약하고 정서적 자극을 담을 수 있도록 인지적인 거리두기를 제공하는 것입니다. 마무리는 참여자들이 익히 알고 있는 제의화된 구조이며, 이때 참여자들은 집단 공간을 떠날 준비를 하면서 감정으로부터 거리를 두기 위해 지적 기능에 의존하기 마련입니다. 그러므로 칠판을 사용하는 것이 상호작용에서 초점을 옮기는 데 도움을 줍니다. 그 사이에 치료사는 투사된 대상(예를 들어 가해자, 피해자 혹은 방관자)의 역할을 벗고 다시 교사가 됩니다. 그렇게 할 때 참여자와 칠판을 남겨둔 채 좀 더 쉽게 공간에서 나갈 수 있습니다. 집단 공간을 교실 분위기로 바꾸고 치료사가 신속하게 퇴장하는 것이 퇴행을 방지해줍니다. 때때로 면밀히 살펴야 하는 참여자가 있을 수도 있습니다. 그런 경우에 치료사는 집단 공간을 떠났더라도 다시 돌아와 해당 참여자를 다른 공간으로 데리고 가서 만나는 것이 좋습니다. 집단이 치료사가 힘들어 하는 참여자에게 관심을 갖고 있음을 아는 것이 필요하지만, 동시에 그 작업을 회기 말미에 집단이 지켜보는 앞에서 진행하지 않는 것이 중요하기 때문입니다.

집단 규칙

TCGP의 집단 규칙은 유사 작업에서 통용되는 것과 크게 다르지 않습니다. 서로 존중하는 것, 규칙적인 참여를 약속하는 것, 술이나 약물 사용을 금하는 것, 치료 계약에 동의하는 것(부록 C를 참고하시오)을 기본으로 하며, 특별한 주의를 요하는 것이 있다면 집단 밖에서의 사회적 접촉과 관련된 규칙을 들 수 있습니다. TCGP 모델은 그 자리에 없는 사람에 대해 말하지 않는다는 전제하에 참여자들 간의 접촉을 허용합니다. 서로의 삶과 치료에 관한 직접적인 소통을 격려하는 것이지요. 그렇게 하는 이유는 외상 경험이 있는 참여자들이 사회적 측면에서 근본적인 고립과 철수를 특징으로 하기 때문입니다. 일부는 적절한 사회 기술을 전혀 발달시키지 못하고 또 일부는 두려움으로 인해 사회 기술의 사용을 억제하기도 합니다. 이런 부적응적 대응 기술에 도전하여 사회적인 접촉과 연결을 위한 시도와 기회는 어떤 것이든 지지하고 격려할 필요가 있다고 믿는 것입니다. 그래서 집단을 시작하기에 앞서 치료사는 지지적 연결망을 확장하는 것의 중요성과 원할 경우 회기 밖에서 사회적 접촉을 허용하는 이유를 명확하게 안내합니다. 그리고 가령 자살이나 자해행동과 같이 안전과 관련된 문제가 있을 경우 치료사에게 알려야 함을 고지하면서, 그것이 상대를 배신하는 행동이 아님을 명확히 합니다. 우리의 경험은 사회적 접촉을 허용하는 것이 치료 작업에 대한 집중을 흩트리지 않으며, 일부 사례에서는 장기적인 관계로 확장되기도 함을 보여줍니다.

명확히 해야 할 또 다른 약속은 비밀엄수와 관련된 것입니다. 모두가 비밀을 지키겠지만, 또 다른 측면에서 외상을 비밀로 간직하는 것은 가해자를 보호하는 것과 다를 바 없으며 따라서 다른 이들과 반드시 공유해야 함을 강조합니다. 참여자들은 집단 과정 말미의 졸업 의식에서 공개적으로 고백할 수 있는 기회를 갖습니다. 작업 과정 내내 드러냄을 실천하고 짐을 나누어 지는 것을 훈련하는 것입니다.

chapter 04

외상 재연 다루기

trauma-centered group psychotherapy for women

이 장에서는 토론에서 외상의 재연을 어떻게 다룰 것인지를 더 자세히 논할 것입니다. 이것은 경험과 기술을 요한다는 점에서 치료사에게 특히 중요하고 도전이 되는 일이기도 합니다(헤게먼 & 울, 2000). 일반적으로 외상 환자와의 개별 작업 경험은 치료사에게 이를 성공적으로 다루는 데 필요한 풍부한 배경을 제공해줍니다.

외상의 재연은 치료사가 참여자의 외상 도식에 개입할 때에만 교정적인 경험이 될 수 있습니다. 그를 위해서는 먼저 치료사가 외상 재연의 순간을 감지해야 하지요. 그리고 다른 참여자들에게 해당 참여자(주인공)가 외상을 재연하고 있음을 알려야 합니다. 그것을 외상의 재연이라 명명하는 것은 현재와 과거 그리고 현실과 재연되는 허구를 구분하고 경계를 세워줍니다. 치료사는 주인공에게 또다시 상처입지 않을 것이며 그 생각과 감정은 과거로부터 온 것임을 적극적으로 확신시켜야 합니다. 다른 참여자들은 현재와 과거를 분별하는 이 과정에 참여합니다. 외상의 재연을 통해 그렇게 강력한 왜곡을 경험하는 것은 집단이 치유 과정의 주제를 이해할 수 있게 해줍니다.

준비

치료사가 외상의 재연에 대비하는 것은 그것이 치료 작업의 불가피하고도 본질적인 과정이라는 점에서 매우 중요합니다. 임상가들은 흔히 외상 재연을 "담아주기의 실패", 부적절한 기법의 결과, 치료를 지속하기 위해서는 참여자를 현실로 데리고 와야 하는 일종의 "탈선"으로 여깁니다. 그와 대조적으로 TCGP는 그 순간을 참여자의 외상 도식을 들여다 볼 수 있는 창이자 가장 효율적으로 변화를 성취할 수 있는, 행동을 위한 최적의 기회로 간주합니다.

또한 외상이 재연될 것임을 예고하고 그것이 치유를 위한 중요한 기회가 될 것이며 따라서 두려워할 필요가 없음을 알려 집단을 준비시키는 것 역시 중요합니다. 그렇게 함으로써 치료사는 재연이 일어났을 때 불안과 혼란을 덜 느끼면서 해야 할 많은 과제를 처리할 수 있습니다.

상세 단계

일단 외상 재연이 시작되어 치료사가 그것을 알게 되면, 가장 먼저 할 일은 주인공에게 개입하는 것입니다. 이는 주인공을 향해 몸을 열고 그 순간 어떤 경험을 하고 있는지를 묻고 답하는 것이지요. 두 번째 단계는 그 경험을 외상을 다시 사는 것으로 명명하는 것입니다. 즉 과거에서 비롯된 것, 외상의 눈으로 현재를 보는 것으로 정의하는 것이지요. 때로는 현재 주인공의 지각에 해당하는 과거 외상의 양상을 언급하는 것이 필요합니다. 그렇게 하는 이유는 과거와 현재를 뚜렷이 분별하게 하기 위함입니다. 그렇게 하면 주인공은

별다른 예외 없이 치료사의 말이나 기대되는 태도에서 벗어나 당혹스러움을 표현합니다. 그 다음 단계는 주인공의 지각이 정확하지 않음을 지적하여 모순에 직면시키는 것입니다. 주인공이 쉽사리 관점을 포기하지 않을 것이므로, 이 대목에서는 긴장이 고조될 수 있습니다. 목표는 주인공이 치료사에게 동의하게 하는 것이 아니라 외상도식의 모순을 드러내는 것이며, 그럼으로써 주인공이 외상 도식의 영향을 담아내거나 완화할 수 있도록 돕는 것입니다. 의견이 엇갈리는 이 순간에는 치료사가 편안하고 다정하고 친밀하고 지지적인 태도를 유지하는 것이 매우 중요합니다. 특히 갈등에 흔들리지 않는 태도로 집단의 반응이 선물이며 의견의 차이는 주인공을 향해 내민 손임을 보여주어야 합니다.

그렇지만 주인공은 쉽게 동의하지 않을 것이며, 따라서 네 번째 단계에서 주인공이 집단을 대상으로 그것을 검증하게 합니다. 치료사는 주인공에게 해당 주제나 행동에 대한 지각을 집단에게 말할 수 있는지 묻습니다. 그리고 주인공이 차례로 다른 참여자에게 질문하도록 안내합니다. 필요하다면 주인공이 사람들의 반응을 방해하거나 주의를 흩트리지 않도록 주의하면서 "셰일라가 방금 한 말을 들었나요?"라고 물을 수도 있습니다. 이 격론이 마무리될 때쯤 치료사는 집단의 반응을 종합하여 참여자의 경험을 외상이 재연된 것이며 그러므로 현재의 관점에서는 부정확한 것으로 규정합니다. 주인공이 그것에 영향을 받든 받지 않든, 치료사는 동의를 얻기 위해 애쓰는 대신 지각의 모순을 반복해서 지적합니다.

다섯 번째 단계는 짧은 강의와 칠판에 의지하여 정서를 수용하고 토론에 대한 요구를 정리합니다. 이것은 다시 전반적인 토론으로 이어질 수도 있고 중요한 반응을 한 또 다른 참여자가 주인공이 될 수도 있습니다. 사례 4.1과 4.2는 이 과정을 보여줍니다.

사례 4.1: 진

진은 어린 시절에 몇 년 동안 할아버지에게 성적 학대를 당했다. 성학대는 폭력적이었고 모욕적인 말을 동반했다. 진은 학대가 일어나는 동안 천정을 응시하면서 압도적인 감정과 신체적 고통을 달랬다. 집단에서 한 참여자가, 특히 마음을 흔드는 기억을 드러냈을 때, 진은 멍하니 천정을 바라보기 시작했다. 치료사는 진이 천정을 보고 있다고 말하고, 그녀에게 어떤 느낌이 드는지 물었다(1단계 : 참여자에게 개입한다). 진은 "그냥 힘들어요"라고 답했다. 치료사는 진이 과거에 학대를 당했을 때도 비슷한 반응을 했음을 지적했다. 그리고 그녀에게 그때 느꼈던 수치심이 지금의 참기 힘든 감정과 관련되는지 물었다(2단계 : 참여자의 경험을 명명한다). 진은 천정에서 시선을 거두지 않은 채 눈물을 흘리기 시작했다. 치료사는 전과 달리 지금은 안전하며 진의 고통은 과거에서 비롯된 것임을 지적했다(3단계 : 참여자의 지각이 정확하지 않음을 말한다). 진은 고개를 떨구었다. 치료사는 그녀에게 다른 참여자들의 눈을 바라보도록 격려했다(4단계 : 다른 참여자들과 그것을 검증한다). 힘겨워하면서도 진은 한 사람씩 눈을 맞추었고, 모두가 그녀에게 지지적이고 따뜻한 말을 해주었다. 치료사는 진이 경험한 것을 다시 한 번 말해주었고, 학대가 일어났던 과거와 다른 사람을 쳐다보아도 안전한 현재를 분별하는 것의 중요성을 칠판에 적어 강조했다(5단계 : 칠판에 적는다).

사례 4.2: 제인과 마리

이 사례는 두 참여자가 동시에 외상 재연에 들어간 상황을 어떻게 다루는지를 보여준다. 제인은 혼돈스러운 가정에서 자랐다. 이민자인 그녀의 부모는 영어를 배우지 않고 미국 문화에 동화되기를 거부한 채 지역사회와 일체의 접촉 없이 살았다. 엄마는 아이들에게 가족 문제를 다른 사람이 알게 해서는 절대 안 되고 "더러운 빨래"는 집에서 처리해야 한다고 말했다. 제인은 나이 차이가 많은 언니를 우러러보고 따랐다. 언니는 제인을 돌보는 것을 포함해 수많은 집안일을 감당했다. 아버지는 폭력적이고 적대적인 알콜 중독자였고, 엄마는 자녀들을 전혀 돌보지 않으면서도 제인을 낳은 것이 실수였고 아이들을 기르느라 지쳤다고 입버릇처럼 말했다. 제인을 지지하고 이끌어줄 사람은 언니뿐이었다. 제인은 술을 마시면 폭력적으로 변했지만, 그래도 자신에게 관심을 가져주는 유일한 사람이었기에 아버지를 사랑했다고 했고, 아버지가 맑은 정신으로 놀아주어 사랑받는 느낌이 들었던 때를 회상했다. 언니는 십대 초반에 술을 엄청나게 마시기 시작하면서 제인을 때리고 성적으로 학대했다. 완벽하게 배신당했다고 느낀 제인은 언니를 미워했다. 3단계에서 제인은 언니에게 당한 성학대를 집단에 공개하기로 결정했다. 그 경험을 여성 집단에 노출한 것은 그것이 처음이었고, 집단은 그녀를 따뜻하게 감싸주었다. 제인은 아버지는 용서했지만 언니는 절대 그럴 수 없을 것이라고 말했다. 그리고 아버지가 언니를 성적으로 부적절하게 대한 것은 인정하지만, 학대의 정도가 어느 만큼인지는 확신할 수 없다고도 했다. 제인은 언니의 알콜 의존을 비난했고 자신에게 한 행동에 대해 책임을 물었다.

그때 뜻밖에도 언니의 고통과 시련을 공감하지 않는다는 이유로 마리가 분에 차서 제인을 비난했다. 마리는 알콜 중독 가정에서 자랐고, 그녀의 엄마는 남편이 딸을 성적으로 학대하는 동안 방에서 폭음을 했다. 아버지의 학대는 마리가 6살 때 시작되었다. 사춘기가 되자 마리 역시 고통과 학대에 대처하는 방식으로 폭음을 시작했다. 술을 마시면 고통을 잠재울 수 있었지만, 학교 성적이 떨어지면서 죄책감이 늘어갔다. 그녀는 자신의 무책임한 행동을 스스로 비난했고 학교 선생님들과 부모도 그녀를 질책했다. 여자들과의 상처 입은 관계를 회복하려 애쓰던 마리는 제인이 언니를 비난한다고 느꼈을 때 더 이상 그녀를 지지할 수가 없었다. 집단의 불안 수준이 급격히 높아졌다. 치료사는 먼저 제인에게 어떤지를 물었다. 제인은 마리가 공격적이라 느꼈고 여자들과는 정말로 친구가 될 수 없는 게 맞다고 말했다. 치료사는 그리고 마리에게 물었다. 마리는 자신의 학대 시나리오에서 제인을 공모자로 경험했다고 말했다(1단계 : 참여자에게 개입한다). 치료사는 제인과 마리의 상호작용이 각자의 외상 재연을 촉발했다고 말했다(2단계 : 참여자의 경험을 명명한다). 집단의 높은 불안 수준 때문에, 치료사는 칠판을 사용하여 외상 재연을 설명하고 그 결과로 집단에서 "가해자"가 떠오른 것이라고 했다. 치료사는 제인이 마리를 가해자이자 학대의 또 다른 피해자인 언니로 경험한다고 말했다(3단계 : 참여자의 지각이 부정확함을 지적한다). 제인은 그에 대해 생각해볼 수 있었다. 치료사는 제인에게 마리의 이야기를 좀 더 들어볼 수 있겠는지 물었다(4단계 : 집단과 참여자의 지각을 검증한다). 마리는 제인에게 "나의 고통과 내가 그에 대해 책임이 없음을 이해할 수 있다면, 나를 용서하고 또 언니의 결함을 마음으로 용서할 수 있을 거예요. 제인이 언니에게 그런 취급을 받을 이유도 없었지만, 언니 역시 아버지에게 그런 일을 당할 까닭이 없었으니까요"라고 말했다. 제인은 눈물을 흘리며 마리를 이해할 수는 있지만 언니를 용서하는 것은 너무 어렵다고 말했다. 치료사는 다시 마리에게 주의를 돌려, 그녀가 제인의 말을 자신을 비난하는 것으로 잘못 경험했다고 말했다. "당신은 피해자였음에도 불구하고 비난을 받은 거죠"(3단계 : 참여자의 지각이 부정확함을 지적한다). 마리는 단지 용서를 모르는 제인에 대해 몇 마디 했을 뿐이라고 반박했다. 치료사는 제인과 다른 참여자들에게 제인이 과거에 마리가 한 행동을 비난했다고 생각하는지 확인해보자고 제안했다(4단계 : 다른 참여자들에게 그것을 검증한다). 마리는 얼굴이 붉어졌지만 치료사의 말을 받아들였다. 제인과 나머지 참여자들은 마리의 환경이 참으로 끔찍했으며 도저히 버틸 수 없는 상황을 너무나 오랫동안 견뎌 왔다고 따뜻하게 반응해주었다. 마리는 울음을 터뜨렸고 사람들의 지지를 수용하면서 용서를 구했다. 제인 역시 울음에 복받쳐 마리의 힘과 지혜에 강한 인상을 받았으며 친구가 되고 싶다고 했다. 치료사는 다시 한 번 이 복합적이고 치유적인 상호작용을 요약하여 칠판에 적었다. 그리고 다른 사람들과의 친밀한 관계에 자신을 개방한 용기를 격려했다(5단계 : 칠판에 적는다).

요약

치료사가 외상 재연의 중요성을 충분히 이해한다면, 그것을 기술적 실패의 표지가 아니라 성장을 위한 기회로 수용하여, 위에서 설명한 다섯 단계에 따라 효율적으로 다룰 수 있을 것입니다. 현재를 표상하는 치료사가 외상에 맞서 참여자에 대한 그 지배력을 완화하는 것은 바로 이 결정적이고 자발적이며 친밀한 순간에 일어납니다. 치료사는 자신의 권위와 더불어 집단의 반응을 활용하여 주인공이 외상 도식과 관련한 태도에 의문을 품도록 촉진합니다. 우리는 참여자의 사고에 이 같은 균열을 내는 것만으로도 시간이 지나면 궁극적으로 회복을 돕는 해결 과정이 시작될 수 있음을 발견했습니다. 우리의 고통받는 참여자들이 인지적 형식으로 제시된 개념을 생생하게 체득할 수 있다면 그것은 바로 이 재연의 직접성과 강도 덕분일 것입니다.

PART

02

회기별 강의

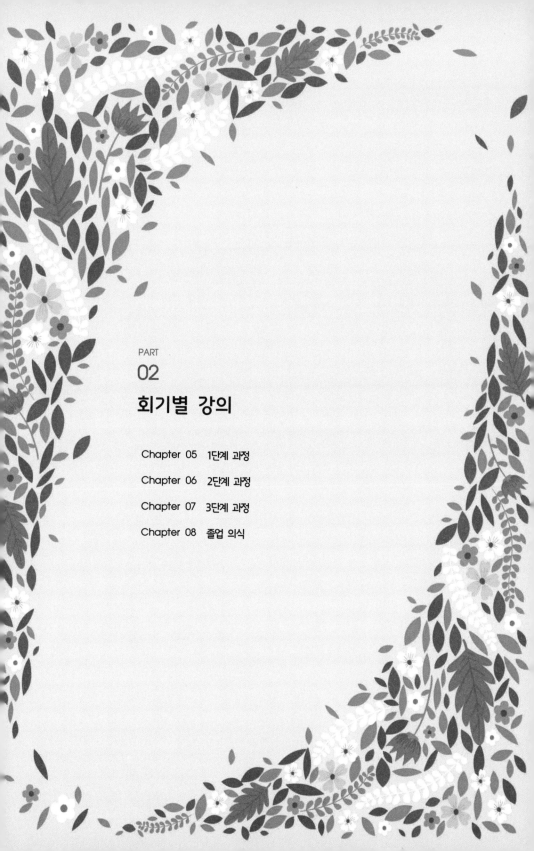

trauma-centered group psychotherapy for women

chapter 05

1단계 과정

trauma-centered group psychotherapy for women

각 회기는 TCGP 형식을 따라 개괄할 것입니다. ① 주제 ② 짧은 강의 ③ 토론 ④ 정리 ⑤ 가능한 저항. 여기에 소개하는 강의 내용은 주제를 요약하고 있으므로 이 자료를 집단, 환경, 개인적 스타일에 따라 자유롭게 적용할 수 있습니다.

각 단계의 첫 번째 강의는 해당 단계의 주제를 설정합니다. 집단 구성의 이질적 특성 때문에(가령 아동기 대 성인기 외상, 대인관계 대 내면적 외상, 가족 대 비가족), 강의의 다양한 양상이 특정 요소와 더 직접적으로 연관될 수도 있습니다. 그러므로 치료사는 강의 내용과 자신을 관련짓도록 질문함으로써 집단 전체를 포괄할 필요가 있습니다. 우리는 강의 자료가 참여자의 경험과 정확히 일치하지 않고 차이가 있을 때 오히려 가장 생산적인 작업이 진행됨을 간간이 경험하였습니다. 그럼에도 불구하고 외상의 핵심 경험은 대체로 보편적이며 따라서 강의가 집단과 무관한 경우는 거의 없습니다.

1회기 : 외상 노출

1. 주제

① 집단 규칙을 점검한다.
② 치료 단계를 개괄한다.
③ 참여자들이 외상을 공개한다.

2. 짧은 강의

집단 규칙을 적은 종이를 나누어주고 함께 검토합니다.
1단계 학습장을 나누어줍니다.
작업 구조를 칠판에 쓰고 각 단계의 내용을 간략하게 설명합니다.

1단계 - 외상이 자기에게 미치는 일차 부작용 5주
2단계 - 부적응적 방어 행동 6주
3단계 - 의미와 애도에 미치는 영향 5주
졸업 의식

그림 5.1로 집단 과정의 세 가지 주제를 설명합니다.

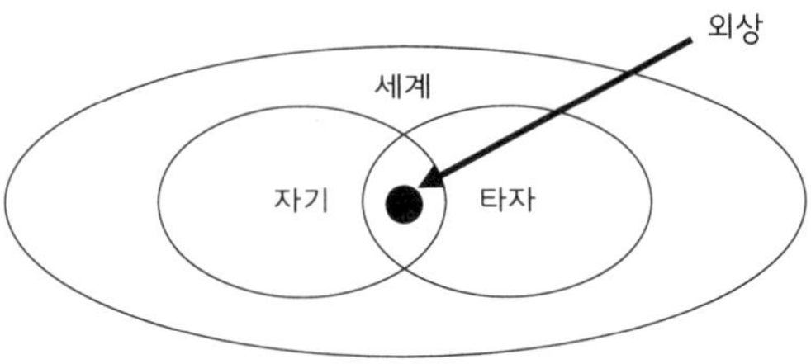

그림 5.1

3. 외상 노출

자기소개를 합니다. 한 사람씩 현재 상황(누구와 사는지, 일, 관계, 자녀, 치료)과 집단에 참여한 동기를 말한 다음 외상을 공개합니다(노출의 수위는 참여자마다 다르겠지만 적어도 외상 경험의 이름과 관련된 사람을 꼭 말하도록 합니다). 끝으로 치료사가 PTSD 환자와의 작업 경험, 어디서 공부했는지, 그 밖의 배경을 소개합니다. 이때 개인적인 정보는 말하지 않도록 하며, 치료사의 소개는 반드시 마지막에 두어 다른 참여자들이 영향을 받지 않도록 하는 것이 좋습니다. 처음에는 간단하게 이름만 말합니다.

4. 정리

참여자들이 경험할 수밖에 없는 불안의 정도를 아는 것이 중요합니다. 외상은 삶의 모든 영역에 영향을 미치므로, 인생 전반을 다루는 것이 중요함을 되풀이하여 강조합니다. 칠판에 그림을 그려 앞으로 16회기 동안 그 주제를 가지고 작업할 것임을 설명합니다.

2회기 : 수치심과 정체성

1. 주제

① 외상은 무력감과 무능감을 유발한다.

② 이 상태는 수치심으로 연결된다.

③ 피해자는 외상을 자기 탓으로 돌린다.

④ 외상은 정서적 상처내기를 통해 개인의 내적 자원을 갉아먹는다.

2. 짧은 강의

외상을 특징짓는 압도적인 무력감과 무능감은 특히 그것이 이른 시기에 일어났을 때, 피해자에게 심각한 부적절감과 자책을 떠안깁니다. "부모님이 이렇게 하는 걸 보면 분명히 내가 뭔가 잘못한 거야"라는 인식은 부모가 여러분에게 나쁜 행동을 하고 있다는 인식을 왜곡합니다. 아동 학대처럼 반복적이고 지속적인 외상 경험은 특히 수치심과 자책을 끝도 없이 경험케 합니다. 그렇게 몇 년에 걸쳐서 개인의 자원과 자기보호 능력을 고갈시키는 다층적인 정서적 상처가 형성되지요. 비교적 늦은 시기에 외상을 입은 경우에도, 자신에 대한 보호와 통제 능력을 상실한 근본적인 경험은 자기효능감이나 자기신뢰를 침식하기 마련이며, 따라서 피해자가 기존에 가지고 있던 자원까지도 침해하는 상처를 만들어냅니다.

(스위스 치즈의 비유를 들자. 참여자들에게 스위스 치즈에서 무엇이 눈에 띄는지 묻는다. 그림 5.2를 그리면서 외상과 수치심의 관계를 설명한다) 네. 치즈보다 구멍이 더 많죠. 구멍이 외상에서 비롯된 정서적 상처라면 치즈는 개인의

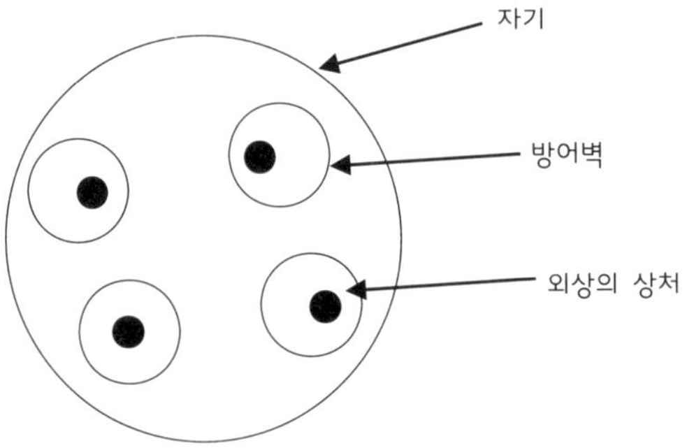

그림 5.2

내적 자원이라 할 수 있습니다. 검은 점이 외상의 상처죠. 피해자는 자신을 외상이 불러일으키는 불안에서 보호하기 위해 방어벽을 쌓습니다. 불행하게도 이것은 다른 데 쓰여야 할 자원을 요구하며 그 결과로 외상이 자기를 먹어치우게 되는 거죠. "예전의 내가 아닌 것" 같은 이 느낌은 수치심의 또 다른 이름일 뿐입니다.

이 몇 겹의 상처는 개인의 정서적 경험, 생각, 대인관계 스타일, 행동에 영향을 미칩니다. 외상을 입은 사람이 "트라우마 이후로 나는 다른 사람이 되었어"라고 말하는 것은 그리 드문 일이 아닙니다. 외상으로 인해 내적 경험이 변형된 것이지요. 어떤 측면에서 피해자는 "그것", 수치스럽고 나쁘고 구역질나고 부적절하고 아무 짝에도 쓸모없는 존재로 전락합니다.

3. 토론

앉아서 참여자들이 의견을 주고받게 한다.

4. 정리

과거를 바꾸거나 외상을 없앨 수 없다면, 그것의 지배로부터 좀 더 많은 자원을 해방시키기 위해 무엇을 할 수 있을까요? 여러분을 위한 공간을 어떻게 확보할 수 있나요? 이 그림에서 무엇이 달라질 수 있을까요? 맞습니다. 외상의 결과로 쌓아올린 이 장벽을 없앤다면, 여러분 내면에 더 많은 공간을 확보할 수 있고, 그렇게 긍정적인 경험에 좀 더 다가갈 수 있습니다. 이 벽은 오랫동안 여러분을 보호했습니다. 위험에 처했을 때, 그러니까 외상의 순간과 그 직후에 여러분을 지켜주었지요. 하지만 이제 그 벽은 여러분을 가두고 모든 걸음에 무거운 짐을 지우고 있습니다. 그렇게 여러분은 외상적 과거라는 감옥에 갇혀 버린 것입니다.

(요점이 부각되도록 안쪽의 원을 지운다) 이렇게 하면 구멍보다 자원이 많아지지요(스위스 치즈의 비유). 삶의 도전과 축복을 다룰 수 있는 더 많은 자원을 확보하는 것입니다.

5. 가능한 저항

"벽을 없애기가 두려워요."

반응: 위험할 때는 그 벽이 꼭 있어야 했지요. 하지만 지금은 그 벽이 당신의 삶을 방해하고 미래를 가로막고 있답니다.

"지금 바꾸기가 너무 무서워요."

반응: 변화는 누구에게나 두렵지요. 하지만 만일 변화할 준비가 덜 되었다면 이 집단에 있지 않을 것입니다. 어떤 경우든 이 변화는 외상을 겪고도 살아남은 것보다 어렵지 않습니다!

3회기 : 상실감과 공허

1. 주제

① 외상은 상실감이나 공허를 가져온다.
② 외상은 피해자의 대처 기술을 압도한다.
③ 부적응적 대처 기술은 더 큰 공허를 유발한다.

2. 짧은 강의

트라우마는 주변의 것을 끌어당겨, 개인의 자원을 고갈시키고 공허를 만들어내는 검은 구멍 혹은 싱크홀입니다. 외상의 어둠은 사람을 공포에 질리게 합니다. 외상을 입은 사람은 스스로 좀비 같다고 느끼는 경우가 많습니다. 멀쩡히 살아있는데도 죽은듯한 이 느낌은 피해자를 가족과 공동체로부터 소외시키고 주변화합니다. 사람을 자원과 에너지와 생명의 정수를 담고 있는 하나의 그릇으로 생각해 보겠습니다. 만일 외상이 그 그릇에 구멍을 낸다면 속은 금세 비어버리고 텅 빈 느낌만 남게 될 것입니다. "그냥 텅 빈" 그 느낌은 얼마나 무시무시한가요! 공허를 경험하는 것은 견디기 힘들며, 그래서 외상을 입은 사람은 자연스럽게 그 공동을 메워 텅 빈 느낌을 피하려 듭니다. 여러분은 어떤 것으로 그 구멍을 메우셨나요?(칠판에 답을 적는다. 술, 약물, 음식, 섹스 등. 그리고 그림 5.3을 그려 요점을 설명한다)

네, 처음에는 음식이나 술로 채워 공허를 덮을 수 있습니다. 문제는 그 효과가 짧다는 것이지요. 해를 거듭하면서 구멍을 메우는 데는 더 많은 것이 필요해집니다. 구멍은 점점 더 커지고, 고통도 점점 더 커지지요. 고통이 커질수록 구멍을 메우고 싶은 압력도 더 강해집니다. 더 많은 술, 더 많은 음식, 더 많은 섹스! 그렇게 자체에서 동력을 얻는 악순환이 만들어집니다. 지금 여기서 외상과 상관없이 저절로 돌아가는 것이지요! 위험은 이미 오래전에 지나갔고, 이 악순환을 활성화하여 삶을 방해하고 고통을 지속시키는 것은 구멍에 대한 여러분의 두려움입니다(그림 5.4를 그리고 그 악순환을 설명한다).

3. 토론

4. 정리

악순환을 끝내기 위해서는 구멍이 외상 때문에 생겼다는 사실

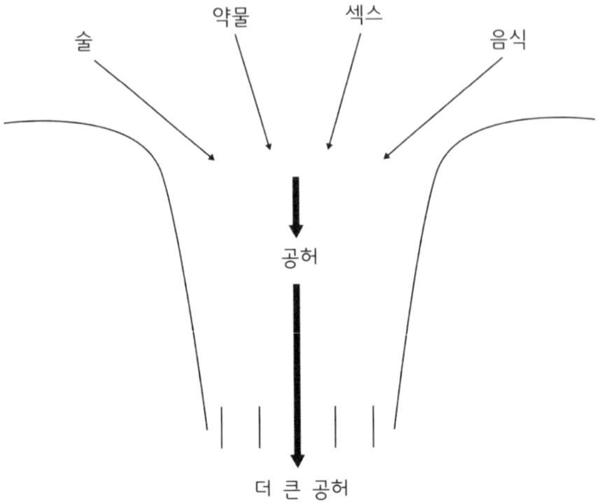

그림 5.3

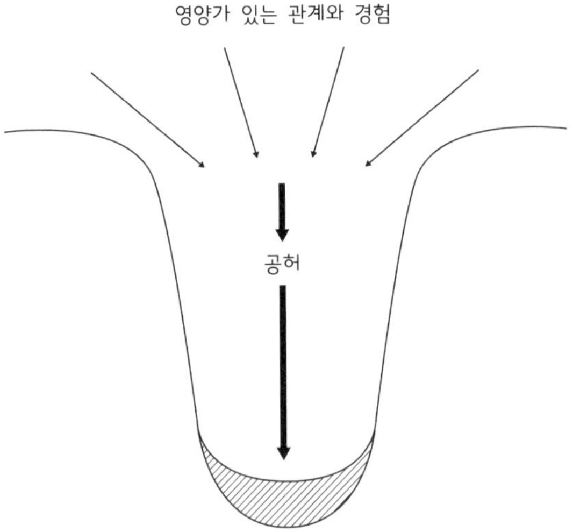

그림 5.4

을 기억할 필요가 있습니다. 여러분은 구멍이 아닙니다. 구멍은 외상이 여러분에게 영향을 미치는 방식입니다. 하지만 여러분도 그것에 영향을 줄 수 있습니다. 구멍은 잃어버린 것으로써만 메워질 수 있습니다. 술과 음식은 여러분이 잃어버린 사랑이나 돌보는 관계를 대신할 수 없습니다. 오직 또 다른 돌보는 관계만이 예전의 것을 대신할 수 있지요. 섹스는 폭력으로 잃어버린 평화를 대신하지 못합니다. 평화로운 경험만이 그럴 수 있습니다. 무엇을 잃어버렸는지 아는 것만으로도, 기억과 앎을 통해 구멍을 메울 수 있는 적당한 것을 찾을 수 있습니다. 배가 고프면 음식을 먹으면 되듯이, 사랑에 굶주려 있다면 여러분을 사랑해 줄 누군가를 찾으면 됩니다. 그것이 회복이라는 말의 뜻이죠. 여러분은 할 수 있습니다.

5. 가능한 저항

"공허는 잠시도 견디기가 어려워요."

반응: 그 느낌은 트라우마가 만든 텅 비어있음에 대한 자연스러운 반응입니다. 그렇게 느끼는 것이 인간적이지만, 그것은 여러분을 붙들어 다른 자리로 옮겨가지 못하게 방해합니다. 여러분은 외상 당시에 많은 것을 견뎌야 했고, 그래서 외상과 관련된 어떤 것도 더 이상 견디고 싶지 않으실 겁니다. 하지만 바로 그렇기 때문에 반드시 그것을 견뎌내도록 도울 수 있는 좋은 경험을 찾아야 합니다.

"술과 음식이 그 느낌을 정말로 없애줘요."

반응: 물론 도움이 됩니다. 그렇지 않다면, 사용하지 않으셨겠지요. 하지만 효과가 얼마나 오래가죠? 아마 그리 길지 않을 것이고, 그래서 계속 쓸 수밖에 없습니다. 그런데 왜 그것을 멈추고 싶은가요? 그렇죠! 그것들은 상황을 더 악화시킵니다. 처음에는 아마 효과가 좋았겠지만, 효용에 비해 치러야 하는 대가가 훨씬 커질 수밖에

없습니다. 여러분은 어떤 대가를 치르고 계신가요?(예를 들어, 중독, 일자리 상실, 관계 상실, 건강 문제, 과체중, 증상 심화)

4회기 : 분노에서 용서로

1. 주제

① 모든 인간관계는 문서화되지 않은 안전 계약을 바탕으로 한다.
② 그 계약이 파기될 때 사람은 불신, 의심, 분노를 느낀다.
③ 그 감정들은 현재의 관계로부터 물러나게 한다.
④ 회복을 위해서는 현재 관계에 용서를 적용하는 것이 중요하다.

2. 짧은 강의

우리는 누구나 다른 사람들이 나에게 잘해 줄 것이라고 가정합니다. 다른 사람과 관계를 맺기 위해서는 그것이 안전함을 믿을 수 있어야 하기 때문입니다. 그래서 우리는 사람들 사이의 이 보이지 않는 계약을 존중합니다. 만약 그렇지 않다면 집 밖으로 나오는 것이나 일체의 관계를 모두 피하게 되겠지요. 설령 다른 사람에게 상처를 받는다 해도 관계 맺는 것의 안전함 자체를 부정해서는 안 됩니다. 실제로 이 믿음은 대체로 진실임이 입증되며, 다른 사람들과 함께 하는 것은 안전합니다. 그래서 어린아이는 부모와 보이지 않는 계약을 하고, 부부는 서로를 상대로 보이지 않거나 명문화된 계약을 하며, 일반적으로 사람들은 무언의 계약으로서 사회의 규칙을 따릅니다. 이 계약이 깨지면 개인은 더 이상 안전하다고 믿을 수 없습니다. 부모와 자녀의 계약을 예로 들어볼까요?

부모 ↔ 자녀

분명히 이것은 명문화된 계약이 아닙니다. 아이가 태어난 후에, 변호사가 부모와 자녀 사이에 안전 계약을 작성하지 않습니다. 하지만 만약 그런 계약서를 쓴다면, 부모는 자녀에게 무엇을 제공해야 할까요?(칠판에 적는다)

부모가 주어야 할 것	자녀의 역할
위험으로부터의 보호	자라는 것
안전함	어린이가 되기
경제적이고 정서적인 지지	사랑
이해	
무조건적 사랑	
신뢰와 존중	
희망	
안내	

이와 비슷하게 남편과 아내, 교사와 학생, 경찰과 시민 사이에도 계약이 존재합니다.

만일 부모가 여러분을 학대했다면 그것은 안전 계약을 위반한 것입니다. 자녀가 필요로 하는 것을 부모가 제공하지 않은 것이지요. 자녀는 부모가 계약을 지킬 것을 당연히 기대하고 믿으며 그럼으로써 잘 적응한 어른으로 성장할 수 있습니다. 그러나 학대의 결과로 이 계약이 깨지면 그것을 믿은 자녀가 피해를 당합니다. 마땅히 받아야 하고 받을 수 있는 것을 받지 못하게 되는 것이지요. 그림 5.5가 보여주듯이, 가정 폭력의 경우에도 배우자의 학대가 여성의 성장 발달 능력을 저하시키는 유사한 역동이 나타납니다.

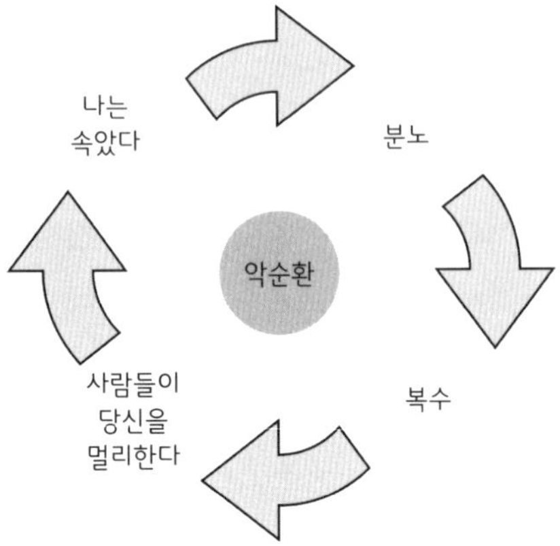

그림 5.5

성장하면서 여러분은 사람들 사이의 이 기본적인 계약을 더 이상 믿지 않게 되었습니다. 자신을 보호하기 위해서 그 편이 더 나았기 때문이지요. 그런데 여기서 문제는 여전히 안전 계약을 믿는 사람들에게는 마치 여러분이 그 계약을 파기한 것처럼 보인다는 사실입니다. 그들은 여러분이 제 몫을 하지 않는다고 말할 것입니다. 그들에게 여러분은 편협하고 인색하며 완고하고 적대적이고 비판적으로 비쳐집니다. 신뢰할 수 없는 사람이 되는 거지요. 그것은 다시 여러분이 다른 사람을 믿을 수 없는 증거로 해석되어 악순환을 지속시키고, 종국에는 고립과 불신의 자기 충족적 예언이라는 결론에 이르고 맙니다. 이 예언을 깨는 유일한 방법은 용서입니다. 용서가 뭐냐구요? 그것은 "먼저 주는 것"입니다. 무엇보다 먼저일까요? 받는 것이지요. 현재의 관계에서 모종의 갈등이 있을 때 다른 사람을 믿을 수 없다고 결론짓는 대신 문제에 대하여 그를 용서함으로써 사람들 사이의 기본 계약을 유지할 필요가 있음을 의미합니다. 이를 위해서는 과거와 현재가 다름을 알아야 합니다. 이것은 용서받을 수 없는

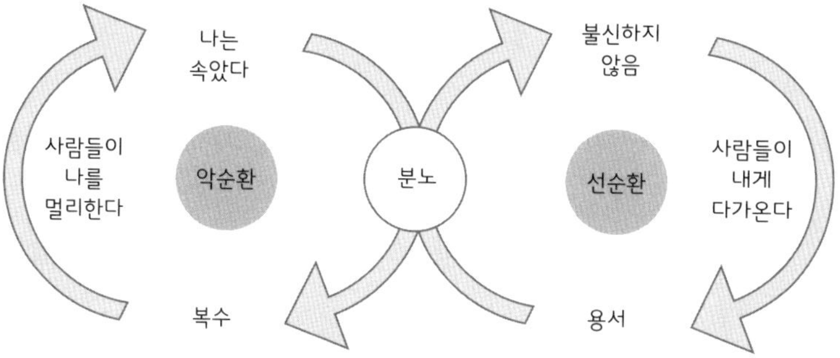

그림 5.6

행동을 한 가해자를 용서하는 것과는 다릅니다. 악순환을 깨고 희망, 지지, 안전, 존중을 재건하는 방법을 그림으로 그리면 이렇습니다(이전 그림을 확장하여 그림 5.6을 그린다).

3. 토론

4. 정리

이 악순환은 여러분이 가해자의 위험으로부터 자신을 보호하도록 아주 견고한 벽을 세우게 합니다. 자기보존을 위해 벽을 세울 수밖에 없었고, 학대당하는 동안 그것은 꼭 필요한 것이었지요. 그 덕에 살아남을 수 있었습니다. 문제는 더 이상 위험이 존재하지 않는 지금도 그 벽에 의존하고 있다는 것입니다. 여러분은 다른 사람을 신뢰할 수 없다고 믿었습니다. 그래서 복수심과 불신으로 가득 차서 스스로를 고립으로 이끌었습니다. 이제 악순환의 고리를 끊기 위해서는 먼저 여러분이 꼭 하지 않아도 될, 가혹하고 고통스러운 경험을 했고 그것이 삶 전반에 영향을 미쳤다는 사실을 받아들이는 것이 필요합니다. 그런 다음에는 지금 관계 맺고 있는 사람들의 작은 실수와 모욕과 혹평을 용서함으로써 기본적인 사회 계약을 재건하고 유지하도록 노력해야 합니다. 그렇게 해야만 여러분을 지지하는 사람들과의 관계를 지속할 수 있습니다. 작은 상처도 주지 않을 사람은 아무도 없습니다. 현재의 자연스러운 상처와 과거 외상의 끔찍한 상처를 분리하고 각각에 다르게 반응하는 것이 중요합니다.

5. 가능한 저항

"가해자를 용서해야 하나요?"

반응: 용서받을 수 없는 것들이 있지요. 가해자를 용서해야만 하는 것은 아닙니다. 그것은 여러분에게 달려있습니다. 지금 우리가 이야기하는 것은 여러분 자신을 용서하고자 하는 마음과 그럴 수 있는 힘입니다. 외상을 입은 많은 사람들이 외상에 대해 자신을 비난하고 자기 파괴적인 행동으로 스스로를 벌주려 합니다. 여러분이 속았다는 것을 받아들인다면 자신을 용서할 수 있을 것입니다.

"다른 사람을 믿어도 안전하다는 것을 어떻게 알 수 있지요?"

반응: 사람들에게서 자신을 고립시키는 방식으로는 누가 믿을 수 있는 사람이고 어떻게 믿을 수 있는지를 알기란 어렵습니다. 그러니까 사람들과 접촉하면서 믿을 만한 사람이 누구인지를 배울 기회를 가져야 합니다. 더 많은 관계를 맺을수록, 신뢰에 대해 더 많이 배우게 될 것입니다. 보호해 줄 거라 믿었던 대상에게 지독히 상처받은 적이 있기 때문에 사람들이 해치지 않을 거라 믿기는 어려울 것입니다. 하지만 모든 사람이 여러분을 해치기 위해 있지는 않습니다. 여러분은 그것을 믿어야만 합니다.

5회기 : 여성성 - 동지인가 적인가?

1. 주제

① 외상을 입은 여성은 일반적으로 자신의 성역할과 혼란스러운 관계에 놓인다.
② 외상을 입은 여성은 외상의 고통을 여성성에 귀인하는 경향이 있다.
③ 그 결과 여성성을 "적"으로 간주하곤 한다.

2. 짧은 강의

동지와 적이라는 단어를 먼저 정의해볼까요? 저는 정말로 사전을 찾아보았어요. 여러분은 적과 동지를 어떻게 정의하시나요?(칠판에 답을 적는다)

동지	적
연합하다	해를 입히다
친근한	우호적이지 않은
조력자	적대적인

이제 여성성에 관해 떠오르는 것을 말해보세요. 여러분이 성역할과 어떤 관계를 맺고 있는지를 살펴보겠습니다(참여자들의 반응을 칠판에 적는다. 그것은 다음과 같은 것일 수 있다. 약함, 돌보고 기르는 것, 의존, 몸, 성적 대상, 친근함, 성적 행동, 수치심, 배신, 당황스러움, 엄마되기, 부드러움, 순종 등).

이 단어들을 동지와 적으로 구분해볼까요? 여러분이 작성한 목록에서 적이라 생각되는 것을 동그라미로 표시해보세요. 아마도 여성성과 관련한 연상들 대부분이 "적"과 연결될 것입니다. 앞서 적을 어떻게 정의했었죠? 네, 여기서 여러분이 여성성을 우호적이지 않거나 적대적으로 대하는 것을 볼 수 있습니다. 여러분은 자신의 성역할을 미워하고 숨기고 상처내면서 적으로 여겨왔습니다. 구체적으로 어떻게 했는지 적어보세요.

- 지나치게 많이 먹거나 적게 먹기
- 난잡한 성관계
- 물질 남용
- 자기 파괴적 행동

3. 토론

4. 정리

학대 당시에 여러분은 여성성을 고통과 상처와 적개심의 근원으로 경험했습니다. 그것을 감안하면 여러분이 여성성을 적으로 대하는 것도 무리는 아닙니다. 많은 여성이 마치 적에게 하듯 자기 파괴적인 행동에 몰두하는 것도 놀랄 일이 아니지요. 하지만 여러분을 배신한 것은 성역할이 아닙니다. 이제 여성성과 화해할 수 있을까요?

5. 가능한 저항

"성역할은 나를 이롭게 하기보다 해롭게 했어요. 남자들은 지금도 여자로서 내 외모에 대해 이러쿵저러쿵 떠들어대죠."

반응: 강간과 학대는 성역할과 아무런 상관이 없습니다. 그보다 여러분을 지배하고 싶어하는 가해자의 권력욕구와 관련된 것이지요. 가해자는 여러분이 여성이기 때문이 아니라 여러분보다 우위에 있기 때문에 여러분을 통제할 수 있습니다. 그래서 어른이 어린 아이를 학대하고 감옥에서는 작은 남자들이 학대를 당하지요. 가해자는 자신의 힘을 과시하려 합니다. 외상 당시 여러분이 경험한 무력함은 여성성의 증후가 아니라 인간성의 표식입니다. 근원적인 무력함, 그것이 외상의 핵심이지요. 그것은 남자나 여자나 똑같습니다.

“이 사회는 여성성을 미워할 수밖에 없도록 여성을 함부로 취급하죠. 우리는 그에 대해 아무것도 할 수 없고요!”

반응: 네, 이해합니다. 하지만 그렇다 해도 여성성을 잘 대접하는 것은 여전히 여러분의 몫입니다. 오히려 사회가 그렇기 때문에 그것이 더욱 중요합니다. 우리 문화가 여성을 성적으로 대상화하는 방식이 가해자의 변명이 될 수는 없습니다. 가해에 대해서는 성역할이 아니라 가해자가 책임져야 할 것입니다.

chapter 06

2단계 과정

trauma–centered group psychotherapy for women

6회기 : 당신은 트라우마가 아니다

1. 주제

① 외상의 영향은 생애 주기 전반을 통해 느껴진다.

② 외상을 입은 사람들은 트라우마에 먹혔다고 느낀다.

③ 외상을 입은 사람들은 외상이라는 렌즈를 통해 세상을 보게 된다.

④ 외상과 자기의 관계를 바꾸는 것은 치유의 본질적인 부분이다.

2. 짧은 강의

2단계 학습장을 나눠주고 외상이 관계와 방어 행동에 미치는 이차 부작용을 검토한다는 목표를 함께 확인합니다. 그리고 아동기부터 성인기의 발달 단계를 일별함으로써 학대의 다양한 영향을 살펴보자고 말합니다. 그것을 "학대의 파문"이라 명명하고, 그림 6.1을 그립니다.

저는 여러분에게 외상의 영향에 대해 이야기하려고 합니다. 사

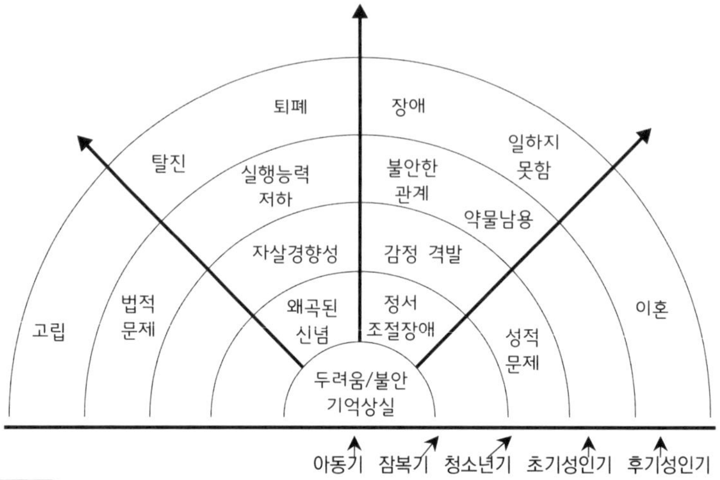

그림 6.1

람은 성장하면서 각 연령대마다 고유한 도전을 만납니다. 여러분 중 자녀를 둔 분들은 자라는 아이들의 연약함을 잘 아실 겁니다. 학대는 발달 과제를 성취하는 아동의 능력을 손상시키고, 그 결과 한쪽엔 부정적 감정을 또 한쪽에는 점증하는 부적응 행동을 야기합니다.

그림에서 보이듯이, 발달 단계는 예외 없이 학대의 유해한 결과에 의해 영향을 받습니다. 시간이 가면서 그것은 서서히 삶의 더 많은 영역으로 퍼져나가서 관계나 업무능력에도 지장을 주기 시작합니다. 그 결과 많은 사람이 자기 자신 및 다른 사람과 세상을 마치 외상이라는 렌즈를 통해 보는 것 같다고 느낍니다. 외상 경험이 오감에 스며들어, 그것을 듣고 보고 느끼는 것이지요. 외상에 통째로 붙들려 있는 것입니다. 제 말이 낯설지 않은가요? 회복은 이 관계를 역전시켜, 외상이 여러분의 작은 일부로만 남아있게 하는 것입니다 (그림 6.2를 그려 이 관계를 설명한다).

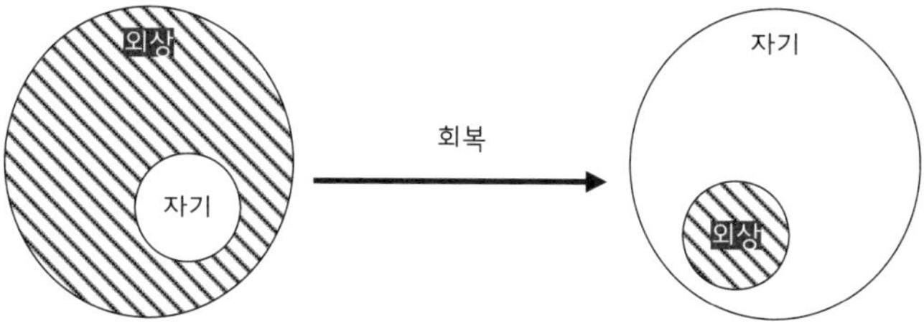

그림 6.2

3. 토론

4. 정리

외상은 자기에 실로 압도적인 영향을 미칩니다. 일반적으로 외상을 입은 사람들은 트라우마가 자신을 집어삼킨 것 같다고 느낍니다. 그 렌즈를 통해 세상을 보고 있다고 느끼지요. 자기가 외상 경험에 갇힌 것입니다. 느낌과 생각과 행동이 모두 외상에 영향을 받고, 여러분 자신은 일상의 경험의 작은 조각으로 전락합니다. 그렇게 외상으로 왜곡된 세계관에 근거하여 상당수의 선택을 하게 되고, 또 그렇게 독립적으로 존재하지 못하기 때문에 가해자가 지배하는 세상이 지속되는 것처럼 보입니다. 우리는 과거를 바꾸지 못합니다. 외상을 없앨 수도 없지요. 하지만 외상과 자신의 관계를 역전시킬 수는 있습니다. 그것이 여러분의 현재와 미래를 해방시킬 것입니다. 과거는 언제까지나 외상을 포함하겠지만, 그것은 개인사의 일부에 불과할 뿐입니다.

5. 가능한 저항

“나의 일부가 외상과 관련되어 있는데, 어떻게 내가 나를 놓아버릴 수 있지요?"

반응: 외상과 그것이 준 영향을 잊으라는 게 아닙니다. 외상이 여러분의 현재에 영향을 주었다는 것은 의심의 여지가 없습니다. 목표는 자신과 주변 사람에 대한 지각에서 외상을 분리하는 것입니다. 트라우마가 여전히 지배적이라면 사람들에게 둘러싸여 있는 것은 위험하고 여러분이 자신의 운명을 통제하지도 못할 것입니다. 외상 당시에는 실제로 그랬지요. 하지만 이제 위험은 지나갔고, 사람들과 함께 안전할 수 있으며 여러분의 삶과 미래를 통제할 수 있습니다. 필요할 때 자신을 지킬 수 있고, 외상의 영향을 다룰 수 있습니다.

7회기 : 증상을 아는 것이 통제력을 높여준다

1. 주제

① 외상의 여파는 증상의 지속적인 조절을 요하는 만성 상태를 형성할 수 있다.

② 증상에 대해 앎으로써 증상 조절과 통제감을 향상시킬 수 있다.

③ 증상이 무서워 도망치면 혼돈과 더 심한 증상을 초래하게 된다.

2. 짧은 강의

(급성 증상과 만성 증상의 차이를 비교한다. 심장마비와 협심증의 비유를 들어 요점을 설명한다) 심장마비는 외상과 같이 급성 처치를 요합니다. 상태가 안정될 때까지 입원치료를 받게 되죠. 목표는 고통을 멈추고 심장

근육의 손상을 최소화하는 데 있습니다. 반면에 협심증은 지속적인 치료가 필요합니다. 환자는 약물치료를 하면서 급성 증상을 예방할 수 있도록 초기의 위험 징후를 알아두어야 합니다. 만성 증상은 급성 증상과 달리 꾸준히 관심을 기울여야 합니다. 그렇게 하지 않으면 증상이 온 몸을 점령해 버리지요. 외상의 경우도 이와 같아서 증상 다루기를 기피할수록, 혼돈의 위험이 삶을 위협해 들어옵니다. 증상을 다루는 방법에는 어떤 것이 있을까요?(불면증, 불안, 고통, 친밀함에 대한 두려움 등 흔한 증상의 예를 들어 보인다)

불면증	→	술, 약물, 스릴을 추구하는 행동
통제 상실의 두려움	→	과도한 통제 행동, 난잡한 성행위
친밀함에 대한 두려움	→	철수, 고립
불안	→	술, 약물, 폭식
심리적 긴장	→	자해 행동, 물질 남용, 만성적 신체 통증

증상이 무서워 도망칠수록, 자기 파괴적 행동이 늘고 혼돈이 가중되며 그 결과 증상이 더 심해집니다! 과거가 마음으로 침입해 들어오는 플래시 백의 예를 들어볼까요? 침입하는 기억 자체가 나쁜 것은 아니죠. 하지만 외상 사건을 적극적으로 회상하는 것은 마음에 대한 통제력을 줍니다(그림 6.3을 그려 요점을 설명한다).

증상으로부터 도망치는 것은 증상과 절망이 빠르게 교차하는 악순환을 낳습니다. 실제로 증상 다루기를 회피하면 상태가 악화됩니다. 그렇다면 어떻게 해야 할까요? 네! 악순환을 깨야겠지요. 어떻게?(칠판에 적는다)

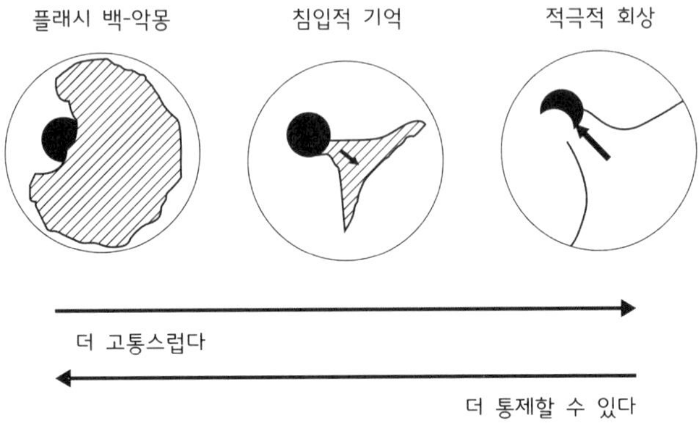

그림 6.3

- 취해 있지 않는다.
- 약물을 없앤다.
- 도망치지 않는다.
- 증상을 다룬다.

3. 토론

4. 정리

자기와 외상의 관계를 기억하시나요?(그림 6.2를 다시 그린다)

증상에 대해 알면 알수록 그에 대해 그리고 자신에 대해 통제력을 행사할 수 있습니다. 증상이 여러분을 통제하지 않도록 증상을 통제하는 법을 익혀야 합니다.

- 증상에 대해 이야기한다.
- 증상을 두려워하여 피하지 않는다.
- 증상을 촉발시키는 자극이 무엇인지 안다.
- 증상을 다룬다.

5. 가능한 저항

"제 경험으로 볼 때 증상에서 도망치게 하는 것은 통제력의 부족이었어요."

반응: 그렇게 통제력을 잃은 것 같은 느낌이 바로 증상 중 하나입니다. 외상은 사건 당시에 통제력을 상실했던 것처럼, 그 같은 느낌을 갖게 합니다. 그러므로 그 느낌은 과거의 것일 뿐이라는 것을 기억하는 것이 중요하고 그렇게 할 때 통제력을 행사할 수 있습니다. 술이나 음식으로 그 느낌을 "다루려" 하면, 통제를 벗어난 행동이 나타나고 그것이 다시 자기 파괴적인 순환을 불러오지요.

"증상을 다루려 하면 오히려 더 심해져요. 술을 끊으면 악몽이 더 심해지는 식으로요."

반응: 실제로 그렇습니다. 처음에는 증상이 심해질 수 있습니다. 하지만 시간이 좀 지나면 분명히 줄어듭니다. 몇 년 동안 술을 마시면서 악몽이 줄어들었나요? 그렇죠, 더 심해졌지요. 회피의 효력이 다한 것입니다. 회피는 실제로 악몽을 악화시킵니다. 그래서 술을 끊어야 하는 거죠. 술 취하지 않고 맨 정신을 유지하면 악몽은 서서히 좋아집니다. 술을 마시면 점점 더 악화될 뿐입니다.

8회기 : 몸은 적이 아니다

1. 주제

① 외상 사건이 일어나는 동안 몸은 불안, 공포, 고통을 경험한다.
② 그 경험으로 인해 피해자는 몸이 자신을 좌절하고 실패하게 만든다고 느낀다.
③ 몸을 적으로 대하는 것은 자기 파괴적 행동을 초래한다.
④ 자신의 몸을 돌보는 것은 치유 과정의 핵심이다.

2. 짧은 강의

외상 경험이 있는 사람들은 자신의 몸을 적으로 대하는 경향이 있습니다. 먼저 적이 어떤 존재인지 생각해볼까요?(참여자들에게 묻는다) 맞습니다. 우리는 적을 믿지 않지요. 두려워합니다. 미워하고 죽이고 싶어 하죠. 그럼 이제 외상 당시에 여러분이 몸으로 경험한 것을 떠올려보겠습니다(참여자들에게 묻고 그 반응을 칠판에 적는다. 마비, 긴장, 허약함, 공포, 심장이 미친 듯이 뜀, 땀에 절게 하는 고통, 불안, 분리 등).

이상은 사람이 위험에 처할 때 겪을 수 있는 자연스러운 반응입니다. 여러분의 몸과 마음은 외상 당시의 상황을 평가해서 도주-싸움 반응에 들어갔습니다. 그것은 자기보존을 위한 본능이자 위험에 대처하도록 돕는 공포 반응의 일부로, 생물학적이고 자동적입니다. 의식적으로 통제할 수 없다는 뜻이지요. 어쨌든 그것은 몸이 생존을 도모하도록 돕는 좋은 기제입니다. 하지만 여러분이 몸을 두려워하고 믿지 않고 미워하는 것, 즉 적으로 경험하는 것도 놀랄 일은 아닙니다. 학대가 일어나는 동안 여러분의 몸은 마치 가해자에게 조종당하듯 반응했을 수 있습니다. 이 경험은 특히 혼란스럽습니다. 왜냐하면 그런 경우에 피해자는 자신이 학대에 참여한 것이 아닌가 의심하게 되니까요. 여성들은 흔히 그에 대해 당황스러워하고 죄책감을 느낍니다. 그것은 이해할 수 있지만 여러분의 선택과는 무관한 것입니다. 단순한 생물학적 반응이지요. 그러면 여러분은 그 감각을 어떻게 죽였나요?(참여자에게 묻고 답을 칠판에 적는다)

- 술과 약물
- 자기 파괴적 행동
- 스릴을 추구하는 행동
- 학대/절단
- 건강에 대한 무관심
- 난잡한 성관계

3. 토론

4. 정리

여러분이 몸을 대하는 방식은 이해할 만합니다. 그러나 몸은 학대에 반응했을 뿐, 몸이 학대 자체는 아닙니다. 앞에서 떠올린 것은 외상이지 여러분의 몸이 아닙니다. 그러므로 이제부터는 이렇게 해야만 합니다(칠판에 적는다).

- 자신의 몸을 돌본다.
- 실제로 위험이 있는지, 얼마나 위험한지를 정확하게 읽고 평

가한다.
- 몸을 진정시킨다.
- 몸과 함께 일한다.
- 몸을 적이 아닌 동지로 대한다.

5. 가능한 저항

"저는 학대하는 아버지를 증오했어요. 그런데 아버지는 다른 때는 잘 해주었어요."

반응: 부모가 잘해주다가 상처주다가 하면 아이는 극히 혼란스러울 수밖에 없습니다. 그런 경우에는 충돌하는 두 감정이 공존하는 방식을 찾아내는 것이 중요합니다. 부모를 사랑하지만 동시에 그 행동에 대해 책임을 물을 수 있습니다.

"전 학대를 증오해요. 그런데 거기에는 내가 즐긴 부분도 있거든요. 그래서 전 제가 악하고 혐오스럽게 느껴져요."

반응: 우리의 몸은 자극에 반응하도록 설계되어 있고 그것이 쾌감을 자극할 수도 있지요. 하지만 그렇다고 해서 여러분이 학대에 동참했다거나 그것을 즐겼다는 의미는 아닙니다. 만일 상황을 통제할 수 있는 위치에 있었다면, 어떻게 했을까요? 그렇습니다! 학대를 멈췄겠지요. 하지만 여러분에게는 통제력이 없었습니다. 그것이 외상의 본질이지요. 학대는 가해자의 책임이지 피해자의 책임이 아닙니다.

9회기 : 차단은 고립을 지속시킨다

1. 주제

① 외상의 순간은 압도적인 고립감을 특징으로 한다.
② 생존을 위해 다른 사람을 차단하는 것은 적응적인 대응전략이다.
③ 외상 이후에도 지속적으로 사람을 차단하는 것은 치유를 방해한다.

2. 짧은 강의

외상의 순간에는 자기의 일부, 다른 사람들, 환경까지 많은 것이 차단됩니다. 외상 환자는 흔히 사건의 일부를 기억하지 못하거나 그것이 마치 다른 사람에게 일어난 일인 듯 느끼기도 하지요. 이 차단 과정을 해리라고 부릅니다. 해리는 개인이 외상의 공포에서 살아남도록 도와줍니다. 외상이 여러 사람에게 동시에 일어난 경우(가령 전쟁이나 자연재해의 경우)에도, 외상 순간의 경험은 오로지 혼자만의 것입니다. 다른 사람들은 경험으로부터 차단됩니다. 외상의 순간에는 오로지 생존이 최상의 과제이며, 따라서 그것을 위해 다른 것을 모두 차단하는 것이 적응적이죠. 다시 말해 차단의 방어기제는 생존을 도모하는 것입니다. 그러나 더 이상 위험하지 않을 때도 동일한 방어기제를 사용하는 것은 적응적이지 않습니다. 사람들과의 연계를 계속해서 끊어버리면 결국 홀로 남게 될 수밖에 없지요. 여러분이 어떤 관계를 차단했는지 꼽아볼까요?(그림 6.4를 그려 이해를 돕는다)

참여자들이 반응하면 그것을 자기를 나타내는 원을 중심으로

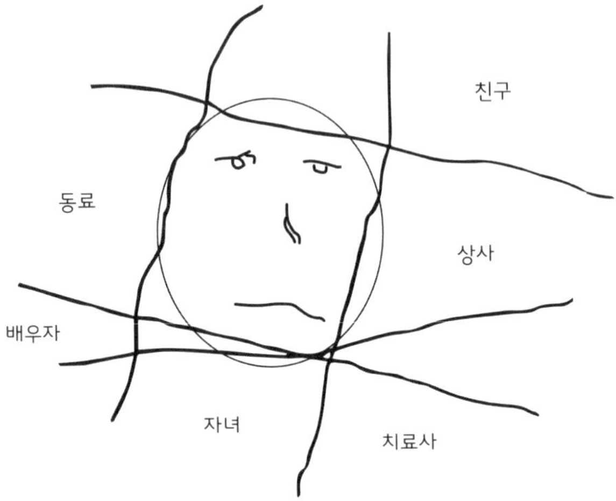

그림 6.4

그림 6.5

써넣습니다(그림 6.5를 참고한다). 보통 배우자, 연인, 형제자매, 부모, 자녀, 상사, 동료, 친구, 치료사가 나오지요. 그 관계를 적은 다음에는 그 결과로 어떻게 되었는지 질문합니다. 네, 당연히 혼자가 될 수밖에 없겠지요. 요점을 더 강조하기 위해 모든 이로부터 차단된 사람이 있다면 어떤 사람일지 묻습니다. 그렇죠. 죄수입니다(그림 6.5에서 다시 한 번 원을 그리고, 이번에는 감옥의 창살을 그린다). 여러분은 방어기제라는 감옥에 갇힌 것입니다.

3. 토론

4. 정리

적응적인 방어기제로 시작했던 것이 이제는 고통을 가중시키는 것이 되었습니다. 그것은 스스로 지키려는 면역 반응이 지나쳐서 생기는 알러지와 같습니다. 예를 들어 천식 발작은 알러지 반응을 일으키는 것으로부터 자신을 보호하기 위한 몸의 노력입니다. 천식 발작이 일어나면 상당히 고통스럽고 심각한 상태가 되거나 심하면 죽기도 하지요. 우리로 말하면 천식 반응은 사람을 차단하는 것에 비견됩니다. 천식의 심각한 증상(가쁜 호흡)은 고립에 해당하겠지요. 여러분은 외상의 순간에도 전적으로 혼자였고 지금도 여전히 혼자입니다. 방어기제의 감옥에 갇힌 셈이지요. 그러면 이제 어떻게 할 수 있을까요?

- 그것을 알아차린다.
- 내가 언제 다른 사람을 차단하는지를 주변 사람들에게 알린다.
- 반복해서 노력한다.

5. 가능한 저항

"고립되어 있다는 걸 잘 알지만 그게 더 편해요."

반응: 고립 상태에서 안전함을 느낄 수 있습니다. 하지만 그 행동을 이끌어낸 동기가 뭐죠? 네, 상처받는 것에 대한 두려움이지요. 여러분은 학대 당시에 심하게 상처를 입었습니다. 하지만 모두가 당신을 해치려 하지는 않습니다. 여러분은 그 두려움이 과거의 일부이며 현재의 것이 아님을 기억해야 합니다. 위험이 있는지를 정확히 판단하십시오. 만일 위험하지 않다면 누군가 다른 사람을 여러분의 공간에 들이도록 노력하세요. 아마도 그것 또한 안전한 느낌을 줄 수 있다는 사실을 알게 될 겁니다.

"혼자인 것은 나쁘지 않아요. 난 그게 좋아요."

반응: 혼자인 것은 좋습니다. 하지만 외롭고 고립된 것은 그렇지 않지요. 혼자인 것을 자유롭게 선택할 수 있다면, 그것은 훌륭한 일입니다. 그러나 만일 상처받을까봐 두려워하면서 고립된 상태로 남으려 한다면, 그것은 외상이 계속해서 지배하도록 허용하는 것입니다. 가해자가 사라졌음에도 불구하고, 그 환영을 붙들고 있는 셈이지요.

10회기 : 감정 쓰레기

1. 주제

① 외상은 가해자와 방관자와 사회가 쏟아내는 감정 쓰레기의

표적이 되는 것으로 표현될 수 있다.

② 그 결과 피해자는 위험을 경험할 때 감정 쓰레기를 버리는 법을 배운다.

③ 방어기제로 감정 쓰레기를 버리는 것은 회복을 방해한다.

2. 짧은 강의

쓰레기는 어떤 것이죠? 그렇죠! 더럽거나 못 쓰게 되어 내다버릴 것을 말합니다. 여러분은 학대나 외상을 경험하는 동안 감정의 쓰레기를 받아냈을 것입니다. 누가 여러분에게 그렇게 했나요?(그림 6.6을 그려 예를 들어 보인다)

가해자, 방관자, 공모자, 권위 인물, 가족 등 많은 사람들이 여러분에게 감정 쓰레기를 쏟아냈습니다. 그래서 수년에 걸쳐 여러분

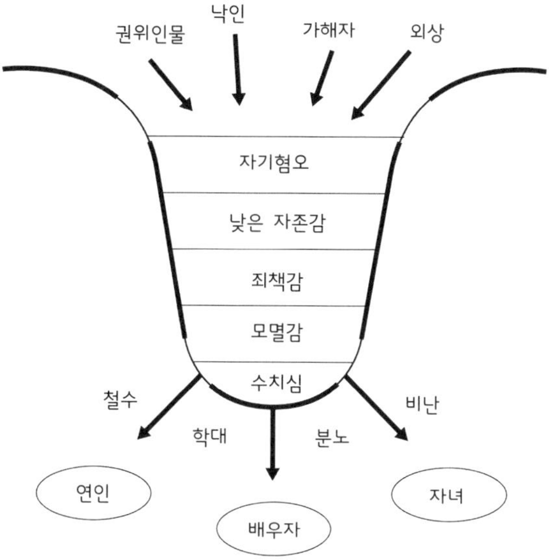

그림 6.6

의 마음에는 쓰레기가 가득하게 되었지요("쓰레기"를 나타내는 그릇의 여러 층을 그림으로 그린다. 수치심, 모멸감, 낮은 자존감, 자기혐오, 무력감, 부적절감, 더러운 기분 등). 하나의 비유를 들어 보겠습니다. 집이라면 더러운 것을 어디에 버리나요? 네, 화장실이죠.

변기가 가득 차면 물을 내려야 다시 깨끗하게 사용할 수 있습니다. 물을 내리지 않으면 어떻게 될까요? 네, 변기가 넘치겠지요. 엉망진창이 될 것입니다. 마찬가지로 마음에 쓰레기가 가득 찼다고 느껴질 때는 물을 내릴 필요가 있습니다. 그렇지 않으면 폭발해 버릴 수도 있으니까요. 일종의 감정적인 배관공사라고도 할 수 있을 것입니다. 여러분은 더러운 기분을 어떻게 내버리나요? (그림에 적는다. 분노 폭발, 소리 지르기, 비난, 물러나기 등) 누구에게 버리죠? (참여자들이 언급하는 사람들을 적는다. 배우자, 자녀, 연인, 형제자매, 친구, 동료 등) 네! 그들은 가해자가 아님에도 불구하고 가까운 사람에게 쓰레기를 버리지요. 그러면 그 사람들은 어떻게 반응하나요? 네, 당신에게서 멀어집니다. 그래서 다시 혼자 남게 되죠. 하지만 그때는 바로 여러분의 행동이 그 같은 결과를 가져온 것입니다.

3. 토론

4. 정리

여러분은 쓰레기통 취급을 당했고, 그로 인해 화가 났고, 그래서 다른 사람들에게 똑같은 방식으로 감정의 쓰레기를 쏟아냅니다. 그러면 그들도 화가 나서 되받아 던지거나 당신에게서 멀어집니다. 슬픈 것은 가해자가 여러분에게 했던 것을, 가해자가 사라진 뒤에도 여러분이 되풀이하고 있다는 사실입니다. 악순환이지요. 가해자는

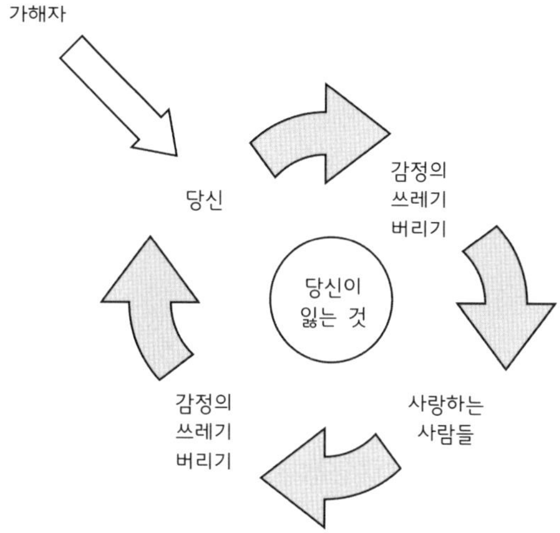

그림 6.7

아무런 처벌도 받지 않는데, 사랑하는 사람들과의 관계가 망가지는 것입니다(이 점을 설명하기 위해 그림 6.7을 다시 그린다).

이 악순환을 깨뜨릴 필요가 있습니다.

나쁜 감정을 버릴 필요가 있음을 알아차리기

다른 사람들에게 버렸을 때 사과하기

누가 언제 나에게 감정 쓰레기를 버리는지 알아차리기

5. 가능한 저항

"전 다른 사람이 먼저 저한테 감정 쓰레기를 버리지 않는 이상, 제가 먼저 그렇게 하지는 않아요."

반응: 이 악순환을 끝낼 수 있는 단 한 가지 방법은 그 순환의

고리를 끊는 것입니다. 누군가가 그것을 시작해야만 하고 그것이 여러분이라면 더욱 좋겠지요. 여러분의 삶과 관계에 통제력을 행사해 보세요.

"전 오랫동안 이 악순환 속에 있었어요. 사과를 수도 없이 했지요. 이젠 너무 늦어버린 것 같아요."

반응: 너무 늦었을지도 모릅니다. 하지만 가족에게 외상 경험을 말한 적이 있나요? 당신의 그 행동이 어디서 온 것인지 설명한 적이 있나요? 이제는 여러분이 자기 자신을 더 잘 이해하기 때문에, 아마 가족이 여러분을 이해할 수 있도록 도울 수 있을 겁니다. 시도해볼 만한 가치가 있지 않을까요?

11회기 : 바로잡기

1. 주제

① 가해자에게 부당한 취급을 받은 피해자는 불의와 불공평함에 민감해진다.
② 정의를 추구하는 것은 인간의 본질이다.
③ 정의를 추구하려는 피해자의 과장된 노력은 가해자에게 공정한 대우를 받았어야 한다는 자신의 소망을 반영한다.

2. 짧은 강의

가해자에게 부당한 처우를 받았을 때 여러분은 그것을 바로잡을 수 없었습니다. 통제력을 갖지 못해 무력한 상태였지요. 그것이 외상의 본질입니다. 그 경험의 결과 여러분은 불의와 불공정함에 대한 예민한 감수성을 갖게 되었습니다. 어른으로서 뭔가 부당하거나 부조리한 상황이 감지되면, 그것을 바로잡고 싶은 충동이 일 것입니다. 자기도 모르게 집단을 대변하고 있었던 적이 혹시 없으셨나요? 소송에 관련된 적은? 관계당국과 마찰이 있었던 분은? 여러분은 아마도 내가 해야 한다고 느낄 것입니다. 선택의 여지가 없다고 생각되지요. 어디서든 정의를 구현하려 노력하지만, 절대 최초의 장소에서는 그럴 수가 없고, 그래서 여러분은 만족할 수가 없습니다(뭔가를 바로잡아야 한다는 충동을 느꼈던 상황의 예를 물어 모두 적는다).

그러나 그런 태도는 여러분을 만족시키기보다 오히려 문제를 일으키곤 합니다. 외상 경험이 없는 사람들은 나중에 가면 대체로 기꺼이 협상을 하려 합니다. 하지만 여러분은 다르지요. 여러분에게 협상이란 아무리 작은 것이라도 받아들이기 힘든 것입니다. 왜냐하면 그것은 또 다른 패배를 의미하기 때문이죠. 그래서 절대 내려놓지 않으며, 그래서 사람들은 여러분을 상대하기 힘든 사람이라고 느끼게 됩니다.

그럼 무엇이 문제일까요? 일을 바로잡으려는 여러분의 노력은, 정의가 제대로 실현되었더라면 외상을 입지 않았을 것이라는 애초의 소망을 반영합니다. 하지만 그렇게 되지 못했지요. 여러분이 지고 있는 짐 중 일부는 여러분이 부당한 대접을 받았고 그것이 옳지 않음을 알지만 그럼에도 불구하고 과거에 대해 할 수 있는 것이 아무것도 없다는 사실입니다. 만약 그때 할 수 있는 게 있었다면 했겠지요.

3. 토론

4. 정리

과거를 보상하려는 노력을 멈추고, 여러분이 부당한 취급을 받았음을 인정함으로써 여러분의 삶에 통제력을 회복하고 균형을 기할 수 있습니다. 가해자가 여러분을 부당하게 대했고 정의가 실현되지 않았음을 아는 것은 곧 고통과 외상에 대해 아는 것입니다. 신은 여러분의 그 경험을 아십니다. 정의를 회복하는 방법은 다른 사람의 고통을 알아차리고 그 어려움을 이해하는 데 있습니다. 우리는 여러분의 고통을 이해합니다!

5. 가능한 저항

"저는 일에 지쳤어요. 어릴 적에도 고통을 받았고 지금은 어른인데도 계속 고통받고 있지요. 이 고통이 언제나 끝날까요?"

반응: 외상 환자의 실존적 경험을 말씀해 주셨습니다. 무거운 짐을 지고 열심히 일해야 하는 것, 그것은 부당하지만 어쩔 수 없는 것이기도 합니다. 하지만 이제 당신은 스스로 통제력을 행사하고 선택할 수 있는 사람이기도 합니다. 이런 방식으로 여러분은 외상을 물리칠 수 있습니다.

chapter 07

3단계 과정

trauma-centered group psychotherapy for women

12회기 : 삶의 의미 찾기

1. 주제

① 외상은 의미가 없다. 의미를 생성하는 것은 회복 과정이다.
② 고백은 새로운 의미를 발견하고 외상을 넘어서도록 도와준다.
③ 외상의 치유는 반드시 사회적 맥락에서 일어나야 한다.

2. 짧은 강의

3단계 학습장의 내용은 의미, 애도, 고백, 집단에 대한 것을 다루고 있습니다. 참여자들에게 다가올 졸업 의식을 상기시키고, 목격자로 누구를 초대할 것인지, 이미 초대한 사람과 아직 초대하지 않은 사람이 누군지 파악하여 최후의 순간으로 미루지 말고 지금 당장 초대하도록 격려합니다. 그리고 의식의 중요성을 설명합니다. 참여자들이 두려워하면서 저항할 수 있으니 치유를 위해 졸업 의식이 얼마나 중요한지를 강조할 필요가 있습니다. 그를 위해 12회기부터는 매주 의식을 언급하면서 각 주제 강의와 의식을 연관짓는 것이 좋습니다.

치유를 위해서 우리는 외상 경험을 넘어설 필요가 있습니다. 외상은 그 자체로는 아무런 의미가 없습니다. 그저 무의미한 사건일 뿐이지요. 하지만 인간은 대상에 의미가 있다고 믿기 마련이고, 그래서 피해자들은 그런 끔찍한 일을 당할 만한 모종의 이유가 있을 것이라는 결론에 도달하곤 합니다. 동네 어느 집에 벼락이 떨어져 바닥까지 몽땅 불에 타버린다면, 그 우연한 일을 두고 사람들은 말합니다. "오, 그래서 그랬구나"라고. 그렇게 우연이 필연으로 둔갑할 수 있는 것은 우리 중 누구도 흠 없이 순전한 사람은 없기 때문입니다.

그러나 진정한 의미는 회복 과정을 통해서 창조될 수 있습니다. 외상에서 의미를 구하는 가장 강력한 방식 중 한 가지는 당신의 이야기를 다른 누군가에게 들려주는 것입니다. 그러면 이야기를 들은 사람이 여러분에게 외상의 진정한 의미를 말해줄 것입니다. 그리고 여러분은 그 말에 놀랄 것입니다. 물론 여러분 자신이 청자가 될 수는 없습니다. 여러분이 내야 할 첫 번째 용기는 여러분을 침묵하게 하는 목소리를 무시하는 것입니다. 가해자는 여러분의 입을 막았고, 가족도 아마 여러분이 말을 하기 시작하면 흥분했을 것이며, 사회도 그 사건이 상상을 뛰어넘는 것이기에 여러분을 믿지 않았을지 모릅니다. 하지만 여러분의 고통의 이야기는 반드시 밖으로 꺼내야 합니다. 그렇게 할 때 여러분과 비슷한 경험으로 고통받은 사람들이 많음을 알게 될 것입니다. 그리고 사람들에게 지지를 받고 또 사람들을 가르치며 두려움과 싸우는 또 다른 피해자들에게 힘을 줄 수 있습니다. 이보다 더 의미 있는 게 무엇이겠습니까? 그렇게 여러분은 가해의 의미 없는 행동을 회복과 용기의 의미 있는 행동으로 변형할 수 있습니다.

고백은 ① 이야기를 하는 사람 – 외상 생존자 ② 이야기를 듣는 사람 – 목격자를 필요로 합니다.

외상의 순간은 치명적으로 공허하고 사람들과의 관계는 모두 사라집니다. 바로 그렇기 때문에 회복 과정은 반드시 다른 사람과의 관계 속에서 일어나야 합니다. 지지적인 목격자가 있는 가운데 이야기를 다시 말하는 것이지요. 그때 목격자가 있었더라면 얼마나 좋았을까요! 하지만 목격자는 당신의 이야기와 함께 보고 느낄 것이고, 그래서 당신과 함께 죽고 당신과 함께 살아남을 것입니다. 당신의 고통을 애도하고 살아남은 용기를 기리는 것이 목격자입니다.

3. 토론

4. 정리

외상을 넘어서기 위해서는 자신의 경험을 고백할 필요가 있습니다. 여러분의 시련을 다른 사람들이 알게 함으로써 짐을 나누어지는 법을 배워야 합니다. 짐을 나누는 것으로 여러분은 다른 사람들이 당신을 지지하도록 허용할 수 있습니다. 외상과 그 영향에 대해 가르치지 않고서 당신이 겪은 것을 이해할 수 있는 사람은 없습니다. 그래서 우리를 교육하는 것은 여러분의 의무이고, 여러분에게 귀를 기울이는 것이 우리의 책임입니다. 여러분이 삶에서 의미를 찾는 방식에는 어떤 것들이 있나요?(칠판에 적는다)

- 나의 이야기를 한다.
- 가르친다.
- 다른 피해자들을 돕는다.

• 지지받는 것을 스스로 허용한다.

5. 가능한 저항

“오늘의 저는 상당 부분 외상의 결과입니다. 전 그것이 의미 없다고 느끼지 않아요.”

반응: 외상 자체는 의미가 없습니다. 어린 아이를 때리거나 모욕하는데 어떤 의미가 있겠습니까? 여성을 강간하는데 무슨 의미가 있을까요? 전혀 무의미합니다. 의미 있는 것은 그럼에도 불구하고 여러분이 삶을 추구하면서 행한 것이지요. 의미는 이해하기 힘듦에도 불구하고 일어난 것을 사람들에게 이해시키고자 한 당신의 노력에 있습니다.

13회기 : 미래로 나아가기

1. 주제

① 미래로 나아가려면 과거를 충분히 이해해야 한다.

② 부적응적 대응기술(예를 들어, 고립)과 인지적 왜곡(예를 들어, “아무도 나를 이해할 수 없어”)은 미래로 나아갈 수 있는 능력을 저해한다.

③ 침묵을 깨고 소통을 개선하고 지지망을 발달시킴으로써 피해자는 생존자가 될 수 있다.

2. 짧은 강의

여러분의 미래에 장애물이 있다면 무엇일까요?(참여자에게 묻고 답을 칠판에 적는다)

- 고립
- 단절
- 혼란
- 다른 사람에 대한 불신

이것은 모두 과거의 외상 경험과 그 증상입니다. 과거가 여러분을 외상에 가두어 두었습니다. 외상이 여러분을 지배하는 한, 증상은 더욱 심해질 것입니다. 앞으로 나아가기 위해서는

- 침묵을 깨야 한다.
- 소통을 개선해야 한다.
- 지지망을 확장해야 한다.
- 다른 사람들을 도와야 한다.

과거를 바꾸거나 외상을 지울 수는 없습니다. 그것은 과거사의 일부입니다. 그러나 여러분은 미래를 통제하고 어떤 방향을 취할 것인지 결정할 수 있습니다. 현재와 미래에 집중할수록, 삶에 대한 통제력이 더욱 강화될 것입니다. 여러분은 승리할 것이고, 트라우마는 패할 것입니다.

3. 토론

4. 정리

미래로 나아가기 위해서는 과거를 존중하고 알 필요가 있습니다. 그것은 외상의 목소리가 여전히 강력하고 여러분을 통제하려 들기 때문입니다. 사람들에게 외상을 알리고 지지를 받아 스스로에게 힘을 부여할수록, 여러분은 더 강해질 것입니다. 여러분은 어떻게 목소리를 낼 수 있을까요?(참여자들에게 질문하고 답을 칠판에 받아 적는다)

- 말하고 이야기하고 소통한다.
- 다른 사람들이 자신을 지지하게 한다.
- 다른 목소리에 힘을 실어준다.

5. 가능한 저항

"사람들이 내 과거를 알면 그 때문에 나를 떠날 수도 있잖아요."

반응: 당신의 고통에 대해서 알았기 때문에 떠날 사람이라면, 없이 지내도 좋을 것입니다. 여러분은 여러분과 같이 고통받은 누군가를 떠나시겠어요? 가족이나 친구에게 그들이 받아 마땅한 신뢰를 주십시오. 믿어보세요. 노출의 양이나 속도는 조절할 수 있습니다. 여러분이 통제하는 것이니까요. 만일 누군가 당신을 실망시킨다면, 당신을 위해 진정으로 곁에 있어줄 다른 사람을 찾으세요.

14회기 : 이별하기

1. 주제

① 이별은 참여자들에게 외상 사건 당시 경험한 상실을 상기시킬 수 있다.

② 외상 환자들은 외상을 재경험할까봐 이별을 기피한다.

③ 외상을 애도하는 것과 이별하는 것을 분별하는 것이 회복에 결정적이다.

2. 짧은 강의

집단은 곧 종결될 것이고 서로에게 이별을 고하는 것이 매우 중요합니다. 이제 헤어지는 과정에서 경험한 어려움을 탐험하고 그것과 외상의 연관을 살펴보겠습니다. '이별' 하면 어떤 것들이 연상되나요?(칠판에 적는다)

- 상실
- 죽음
- 공포
- 방임
- 거절
- 끝/결말
- 불안
- 전이
- 시작

이 목록을 보면, 거의 모든 항목이 외상을 표현하는 데도 사용될 수 있습니다. 그러므로 외상을 입은 사람들이 이별을 기피하거나 안녕이라고 말할 때 과도한 불안을 경험하는 것은 놀라운 일이 아닙니다. 외상은 상실에 관한 것이며 상당한 고통과 불안을 유발하지요. "안녕"에 대한 반응이 외상과 연결됨을 깨닫는 것은 중요합니다. 이별을 예상하면서 경험하는 고통과 두려움은 외상과 직접적으로 관련됩니다. 이별은 그 자체로는 해롭지 않습니다. 상실을 내포하지만 외상적이라 할 수는 없지요. 끝 혹은 상실을 인식하는 것은 새로운 국면과 관계로 옮겨갈 때 거칠 수밖에 없는 단계입니다. 삶은 변화이며, 다만 그 변화가 갑작스럽고 고통스러우며 통제를 벗어날 때만 외상적이지요. 외상 사건에서 경험한 상실을 충분히 애도하지 못했을 경우에 이별은 더욱 부담이 됩니다. 죽음과 맞닥뜨릴 때 우리는 애도합니다. 그러므로 외상 이전의 여러분의 죽음을 애도하는 것이 중요합니다. 애도에는 당신의 눈물을 받아줄 어깨가 필요하고 애도는 또한 따뜻이 잡아주는 손이 되어줍니다. 분명한 것은 현재의 어떤 이별도 외상만큼 고통스러울 수 없다는 것입니다.

3. 토론

4. 정리

여러분이 이별할 때마다 과거가 끼어들 것입니다. 그때는 다음의 것이 필요합니다.

- 외상과의 관련을 규명하기
- 실제로 위험이 있는지를 평가하기

- 스스로 안심시키기
- 지지를 받아들이기

실상 모든 이별은 축복입니다. 여러분은 스스로 그것이 외상적 상실이 아님을 일깨워야 합니다. 이제 모든 이별은 여러분이 오래전에 잃어버린 과거의 자신을 조용히 애도할 수 있는 또 다른 기회입니다. 현재와 과거는 다릅니다. 현재는 훨씬 더 안전한 곳입니다.

5. 가능한 저항

"저는 한 번도 제대로 이별을 말한 적이 없어요. 늘 나중에 다시 보자고 하지요."

반응: 그 까닭을 아시나요? 네. 외상을 입었던 과거의 감정이 올라와 그 고통을 다시 경험하게 될까봐 두려운 것이지요. 하지만 상실을 다루기를 기피하면 오히려 외상과 더 가까이 있게 되고 그래서 고통도 지속됩니다. 궁지에 몰리는 것이죠. 상실을 다루려고 노력하세요. 그러면 고통이 점차 줄어드는 것을 발견하게 될 것입니다.

"안녕이라는 말은 돌이킬 수 없는 느낌이 들어요."

반응: 이별을 고하는 것은 끝이나 상실을 인식하는 것입니다. 결말을 지음으로써 안녕은 새로운 시작의 가능성을 열어젖힙니다. 완전한 끝이라는 느낌은 외상을 둘러싼 어둠에서 비롯됩니다.

15회기 : 변형하기

1. 주제

① 치유 과정은 수많은 변형으로 구성된다.

② 치유 의식은 변형이 일어날 수 있는 무대를 제공한다.

2. 짧은 강의

치유 과정은 다양한 변형과 관련됩니다. 우리가 집단 과정 말미에 계획한 치유 의식은 이런 변형이 일어날 수 있는 계기를 줍니다. 치유 과정을 이루는 다양한 변형을 살펴볼까요?

고립	→	나눔
침묵	→	표현
수치심/자책	→	자긍심
퇴폐	→	희망
수동성	→	가르치는 사람
공허	→	의미

우리가 함께 작업해 온 변형은 졸업 의식으로 상징화될 것입니다.

- 공적인 상황에서의 나눔
- 고백을 통해 침묵을 깨뜨리기
- 창조성을 통한 넘어서기
- 가르치는 사람의 적극적 역할
- 의미의 생성

우리는 모두 변형에 참여할 것입니다. 여러분은 고백을 하고 외상으로부터의 회복에 관해 사람들에게 알려줄 것입니다. 목격자들은 여러분의 이야기를 경청하고 그 경험을 확증할 것이며, 관객은 사회를 위한 책임을 질 것입니다. 우리는 협력하여 외상에 맞서 싸우고 절망의 목소리를 무찌를 것입니다. 여러분은 이 싸움에서 더 이상 혼자가 아닙니다.

3. 토론

4. 정리

치유 과정은 여러 변형과 관련되며, 그것은 변화를 위한 수많은 연습의 결과입니다. 의식은 고통에서 치유로의 변형을 위한 하나의 은유입니다. 침묵을 깸으로써 연결을 구축하고, 짐을 나눔으로써 고립을 산산이 부숩니다. 과거의 비밀을 부여잡고 있을수록, 외상이 당신을 인질로 더욱 강력하게 잡아맬 것입니다. 짐을 다른 사람들과 나눌수록, 여러분은 더 깊게 애도할 것이고, 애도를 통해 어둠을 헤치고 나온 빛을 발견하게 될 것입니다. 여러분은 더 이상 혼자가 아닙니다! 더 이상 캄캄한 밤이 아닙니다.

5. 가능한 저항

“전 아무한테도 외상 경험을 말한 적이 없어요. 낯선 사람들 속에서 어떻게 이야기할 수 있을까요?”

반응: 여러분의 이야기를 비밀로 할수록, 가해자와 그 영향력을 보호하게 됩니다. 가해자는 여러분이 입 다물게 했습니다. 다른 사람들의 지지로부터 고립될수록, 외상에 더 휘둘리게 됩니다. 더 이

상 가해자가 없음에도 불구하고, 그의 권력의 마법은 여전히 살아 움직이는 것이지요. 그 마법을 부수는 방법은 침묵을 깨뜨리는 것뿐입니다.

“전 제 트라우마를 공개적으로 노출할 수 없어요. 너무 어려워요.”

반응: 준비된 만큼 그리고 편안하게 느껴지는 만큼 노출하시면 됩니다. 고백은 여러분의 치유의 여정을 나타내야 합니다. 많은 여성이 외상을 공개하지만 반드시 그렇게 해야만 하는 것은 아닙니다. 선택은 여러분에게 달려 있습니다. 우리는 그것을 존중할 것입니다.

“전 목격자 역할을 해 줄 수 있는 사람이 아무도 없어요.”

반응: 고립은 정말로 여러분을 모두로부터 차단시킵니다. 현재 여러분의 삶에 누가 있는지 꼽아볼까요?(식구들, 친구들, 동료들, 치료사, 목사 모두를 언급한다) 당신에게 진심으로 귀기울여주는 사람이 있나요? 여러분의 행복에 정말로 관심이 있는 사람이 있나요? 만약 없다면, 우리는 당신의 지지망을 확장시키는 데 더 노력을 기울여야 할 것입니다. 만일 그런 사람이 있다면, 바로 그분이 여러분의 목격자입니다! 여러분은 의식을 꼭 해야 하고, 우리는 관객으로서 여러분을 위한 목격자가 될 것입니다(집단과 치료사는 목격자가 될 수 없다).

16회기 : 다른 사람의 고백의 진실을 지지하기

이 만남에서 각 참여자는 집단에게 고백을 합니다. 그것은 이야기, 시, 미술 프로젝트, 음악 등의 형식을 취할 수 있습니다. 나중에는 그것을 가족, 친구, 치료사, 목격자가 되어 줄 또 다른 사람들이 있는 가운데 공적 의식으로 선보일 것입니다. 그에 앞서 집단의 친밀한 환경 속에서 서로에게 반응하면서 목격자 역할을 하는 것입니다. 이 자발적인 대화는 매우 강력하며 정서적입니다. 어떤 참여자들은 이별 선물로 작은 기념품을 가지고 오기도 하지요. 집단 과정은 치료사가 작업 동안 각 참여자가 보인 진전을 성찰하는 것으로 끝맺습니다. 마지막에 치료사는 일어나서 졸업증서를 수여합니다. 참여자들은 한 명씩 다른 사람들의 박수 속에서 증서를 받을 것입니다. 참여자들이 공간을 떠나면 치료사들이 의식을 위한 준비를 하고, 집단과 목격자들이 후에 의식을 위해 다시 그 방에 모일 것입니다.

chapter 08

졸업 의식

trauma-centered group psychotherapy for women

졸업 의식은 집단 경험의 치료 효과를 고양시키고 종결 이후에 변화에 대한 집중력을 견고하게 다지는 힘을 인정받아 TCGP 모델에 포함되었습니다. 졸업 의식은 외상 환자를 대상으로 한 이전 작업에 기반을 두며, 독자들은 보다 자세한 내용을 찾아볼 수도 있습니다(존슨, 펠드먼, 루빈과 사우스윅, 1995; 루빈과 존슨, 1998; 루빈과 존슨, 2003).

치유 의식은 형식화와 극화를 통해 그 안에 담기는 내용이 사회 전반에 폭넓은 의미를 갖는다는 느낌을 줍니다(루빈과 존슨, 1998). 의식의 핵심에는 상징적 변형이 있고, 집단은 의식을 통해 특정한 상징적 장애물이나 공포 혹은 시험을 넘어섬으로써 하나의 상태에서 다른 상태로 옮겨가게 됩니다(존슨, 1987). 치료적 의식에서 이 변형은 참여자들 사이의 관계가 개선되었음을 나타냅니다. 의식 공간의 틀 내에서 일어난 그 변형은 "회중" 혹은 더 큰 사회의 함축적이고 명시적인 승인을 이끌어냅니다. 의식은 그렇게 소외에 의미를 부여함으로써 외상 피해자의 경험을 재맥락화하도록 도와줍니다(실버와 윌슨, 1988). 외상 피해자들과 사회의 근본적인 균열을 다루는 것입니다.

이제 졸업 의식의 치료적 기능을 간단하게 살펴보겠습니다. ① 고백과 목격자를 담아내는 것 ② 사회가 그 구성원을 책임지도록 초대하는 것 ③ 환대의 경험을 제공하는 것입니다.

고백과 목격자 담아내기

의식은 외상 환자가 청중을 상대로 자신이 겪은 고난을 말할 수 있는 자리를 만들어 줍니다. 참여자들은 글쓰기, 시각 예술, 음악 등 원하는 매체를 사용하여 자신의 회복의 여정을 성찰하는 고백을 준비합니다. 이 고백의 과제는 자신을 드러내는 행위를 훨씬 큰 무대로 옮겨놓기 때문에 외상을 입은 여성들에게 불안을 야기합니다. 그럼에도 불구하고 우리가 만난 참여자들은 의식을 빌어 외상 경험을 드러내기를 선택했습니다.

TCGP 참여자 중에는 외상을 노출한 적이 거의 없는 경우가 많았습니다. 사랑하는 사람들을 보호하려면 어떻게든 비밀을 지켜야 한다고 느끼거나 고백을 외상과 관련한 자책과 수치심의 반영으로 여겼기 때문이지요. TCGP는 참여자들의 침묵이 오히려 가해자를 보호하며, 목격자가 생기는 것은 피해자가 아니라 악을 행한 자에게 수치심을 안기는 것임을 깨닫게 하고자 합니다. 공개석상에서 일어나 “커밍아웃”하는 것은 끔찍하고도 해방적인 경험입니다. 그것을 통해 여성의 소리 없는 고통은 들리는 목소리가 되고, 외상에 대한 개인적 경험이 그 고통에 대한 공적 인식으로 확장되며, 참여자의 고통스러운 고립은 눈에 보이는 연계와 소통으로 대체됩니다. 이 변형을 통해 피해자는 이전에 수동성에 머물렀을 때의 두려움을 숙달하고 외상에 대해 적극적인 자세를 갖게 됩니다. 실제로 대다수 참여자들은 가족 안에서 보다 큰 힘을 얻었고, 피해자의 변호인이 되어 사회를 교육하고 또 다른 피해자들이 회복과 치유를 향해 나아가도록 추동하는 행동주의자로 변모한 이들도 많이 있습니다. 사례 8.1은 이 과정을 보여줍니다.

사례 8.1: 로라

로라는 30살이다. 그녀는 자신을 전혀 돌보지 않은 부모 대신 오빠를 보호자이자 역할 모델 삼아 성장하였다. 그런데 로라가 8살이 되었을 때 오빠는 친구들이 보는 앞에서 동생을 성적으로 학대하고 모욕했다. 로라는 완전히 마음을 닫고 그 일에 대해 아무에게도 말하지 않았으며, 모든 게 자신의 잘못이고 그런 일을 당해 마땅하다고 생각했다. 그녀의 고통은 우울증, 섭식 장애, 반복적인 자살 시도 등 가장된 형태로 표면화되었다. 여러 차례 치료를 받았지만 그녀는 과거를 전혀 노출하지 않았고, 자기가 잘못해서 오빠의 사랑을 잃어버렸다고 굳게 믿었다. 다행히 1년 반쯤 전에 믿을 만한 치료사를 만나면서 외상의 일부를 드러냈고, 집단으로 외상을 다루는 TCGP에 위탁되었다.

로라는 매우 순응적인 참여자였다. 그녀는 사람들에게 외상 경험을 이야기할 수 있었지만, 그것이 자기 탓이고 분명히 그런 벌을 받을 만한 잘못을 했을 것이라는 믿음을 결코 거두지 않았다. 다른 참여자들이 신뢰를 배신한 것은 그녀가 아니라 오빠임을 받아들일 수 있도록 애썼음에도 불구하고, 로라는 생각을 바꾸지 않았고, 오히려 남편 역시 자신을 설득하려 했지만 실패했다고 말했다. 결국 결혼생활도 몇 번의 입원과 잦은 자살 시도로 순탄하지 못했고 최근에 자살을 시도했을 때는 목숨이 위험했다. 하지만 집단 과정을 겪으면서 점차 집단의 지지와 반응에 대한 저항이 완화되었고, 몇 번은 자신이 비난받지 않아도 된다는 것을 수긍하기도 했다. 의식을 준비하는 동안 로라는 불안을 표현하면서도 열심히 참여했다. 그리고 결정적으로 남편을 목격자로 초대했다. 의식에서 로라는 "나의 고백"이라는 제목의 고백문을 읽었다.

- "이 말은 내가 여태껏 믿을 수도, 말할 수도 없었던 것입니다. 그것은 내 잘못이 아니었습니다."
- "난 작은 여자아이였습니다. 사랑과 수용과 인정이 필요했지요. 나는 오빠를 믿었고 그것은 잘못된 게 아니었습니다. 그런데 내게 일어난 일은 아주 잘못된 것이었어요. 오빠는 내 믿음을 배반했습니다. 오빠와 그 친구들은 8살 밖에 안 된 나를 성적으로 학대했습니다. 그 뒤 긴 시간 동안 나는 무시무시한 수치심 속에서 살았고, 그들이 한 짓에 대해 나 자신을 탓했습니다. 하지만 그것은 내 잘못이 아니었습니다."
- "남자친구에게 강간당했을 때 나는 15살이었습니다. 나는 그때도 나를 비난했습니다. 하지만 그것도 내 잘못은 아니었습니다. 나는 그를 믿었는데 그가 내 믿음을 이용해 상처를 주었지요. 외상이 준 이 수치심은 내게 속한 것이 아니기 때문에, 이제 나는 그것을 내게 상처를 입힌 당신에게 돌려주려 합니다. 내 삶은 고통과 슬픔으로 점철되었고, 고통과 슬픔 뒤에 숨은 외상에 대해 배우는 것이 쉽지 않았습니다. 나는 고통을 넘어서서 행복을 찾고 삶을 다르게 느끼고 싶습니다. 삶을 견뎌야 하는 고통이 아니라 행복, 기쁨, 사랑 그리고 슬픔, 고통, 비애로 가득한 풍성한 경험으로 맛보고 싶습니다."
- "나는 회복 과정의 여정 초입에 있습니다. 나는 이제 막 외상의 현실을 수용하여 그것을 내 역사의 일부로 받아들이고자 합니다. 나는 내 고통에 대해 이제 막 배우기 시작했습니다. 그것은 강력하고 거대하지만, 나보다 강하지는 않습니다. 나는 내게 상처 준 이들을 향한 분노를 이제 막 알아차리고 있습니다. 나 자신을 향했던 분노가 방향을 틀었습니다. 나는 여전히 무지막지한 수치심과 죄책감을 느끼고 있지만, 그럼에도 내게 일어난 일이 내 잘못이 아님을 배우기 시작했습니다."

로라의 남편 짐은 눈물이 가득 고인 채 "당신이 옳습니다. 로라, 그것은 당신 잘못이 아닙니다. 이제 우리 두 사람은 그에 맞서 함께 싸울 것입니다. 사랑합니다. 당신이 자랑스럽습니다"라고 반응했다. 부부는 서로에게

> 다가가 긴 포옹을 나누었다. 객석에서 한 사람이 일어나 큰 소리로 말했다. "로라, 그것은 당신 잘못이 아닙니다." 그리고 청중 전체가 일어나 그 중요한 말을 로라에게 들려주었다.

사회가 구성원을 책임지도록 초대하기

외상은 고립을 본질로 하지만 치유 과정은 사회적 맥락 속에서 가장 잘 진행됩니다. 청중은 피해자의 고백에 목격자로 기능하면서 치유적이고 긍정적인 환대의 집이 되어줍니다. 그러나 이 중요한 기능을 넘어서, 졸업 의식에서 관객의 참여는 사회가 희생당한 그 구성원에 대해 책임을 져야 하며, 그 같은 가해행위가 발생한 조건을 시정하는 데 주력해야 함을 강조합니다. 다시 말해 관객의 역할은 목격자로서 공감을 소통하는 것뿐 아니라 범죄, 성적 학대, 강간의 짐을 나누어 지는 것이기도 합니다. 자신의 이야기를 공개함과 동시에 참여자들은 그 짐으로부터 가벼워져야 합니다. 반면에 관객은 그들 주변에서 일어난 비극적 사건을 알게 됨으로써 무게를 감당해야만 합니다. 사례 8.2는 가족이 책임을 지고 짐을 공유하는 것의 중요성을 보여줍니다.

사례 8.2: 킴

> 킴은 무관심하고 냉담한 엄마와 매우 힘든 관계를 맺고 있었다. 십대 초반에 그녀는 남동생의 비극적인 죽음을 겪었고, 아버지를 일찍 여의었으며(아버지는 알콜 중독이었지만 학대를 하지는 않았다), 할아버지도 잃었다(그는 킴의 일생에서 가장 지지적이고 따뜻한 인물이었다). 킴은 엄마가 아

버지와 남동생 대신 자신이 죽기를 바랐고 그렇지 않아서 실망했다고 느꼈다. 엄마는 그녀를 차갑게 대했고 사람들 앞에서 모욕했다. 이십대 초반에 킴은 칼로 위협하는 가해자에게 강간을 당한 뒤 차에서 내던져졌다. 그때 임신을 했고 킴이 아이를 낳기로 결정하자 엄마는 크게 화가 나서는 아이를 아는 척도 않겠다며 거부했다.

킴에 대한 치료는 엄마와 강간의 뒤엉킨 관계에 초점을 맞추었다. 킴은 가해자를 떠올리게 하는 딸에게 감정적으로 거리를 둠으로써 자신과 엄마의 관계를 재연하지 않으려고 노력했다. 그러나 졸업 의식에서 킴은 자기 자신과 딸과 마음으로 그리기만 했던 엄마에 대한 느낌을 아름다운 그림으로 펼쳐 보여주었다. 그녀의 엄마가 졸업 의식을 지켜보고 있었고, 킴은 엄마의 무관심과 냉담함을 포함하여 외상의 경험을 상징적인 그림으로 표현하였다. 킴은 울기 시작했고 엄마에게 사랑받지 못한 슬픔과 엄마의 지지가 얼마나 필요했는지를 처음으로 말할 수 있었다. 그녀의 엄마는 냉정을 잃지 않으려 노력했지만 분명히 마음이 움직였고, 여러 사람들 앞에서 딸을 사랑하고 킴이 끔찍한 과거에 맞서 싸우는 모습을 볼 수 있어 자랑스럽다고 말했다. 그리고 과거에 자신의 안녕에 너무 집중한 나머지 혼자서 고군분투하는 킴을 보지 못했음을 깨달았다고 말했다. 엄마는 눈물을 흘리며 그동안의 잘못에 대해 용서를 구했고, 이제 더 이상 혼자라고 느낄 필요가 없다고 말했다. 자신의 책임을 수용하는 엄마의 이 말은 킴의 회복 과정에 큰 도움을 주었다.

환대의 경험 제공하기

외상 사건을 겪은 뒤에 피해자들은 지지체계와 사회로부터 거부–실질적이거나 지각된–를 경험하곤 합니다. 사회가 가해자는 보호하거나 용서하면서 피해자인 자신을 비난하고 편협하게 대한다고 느끼는 것입니다. 그 같은 냉대의 경험은 피해자의 고립과 소외를 부추깁니다(존슨 외, 1997). 특히 여성 성학대 피해자에 대한 사회적 태도는 과장되고 조작적이며 여전히 시대착오적일 때가 많습니다. 졸업 의식의 관객은 여성을 지지하는 사람들로 구성됨에도 불구하고, 참여자들은 고백이 무시당하거나 비웃음을 사거나 거부당할까봐 정말로 두려워합니다. 그런 맥락에서 사회의 대표로서 관객은 존중과 지지로써 여성에게 환대의 경험을 줄 수 있습니다. 의식은 외상을 노출하는 것에 대한 두려움을 근본적으로 완화할 수 있게 함으로써 피해자와 사회의 만남을 촉진합니다. 강력한 환대의 사례를 사례 8.3이 보여줍니다.

사례 8.3: 수

수는 19살에 갱들에게 집단 강간을 당했다. 어릴 적에는 알콜 중독인 아버지로부터 성희롱을 당했지만, 수의 엄마는 무슨 일이 벌어지는지를 알면서도 개입하지 않은 수동적 방관자였다. 집단 강간 후에도 수의 부모는 딸을 지지하기는커녕 오히려 비난했다. 그리고 사건이 있은 지 몇 주 후에는 다른 남자들이 한다면 자신도 할 수 있다며 아버지가 수를 범했다. 그 후 25년 동안 수는 자신의 기억과 공포로부터 도망쳤고, 그 결과 완전히 고립된 상태에서 고통을 덮기 위해 약물과 술에 의존했다. 지난 일년 동안 그녀는 술을 끊고 TCGP에서 치료를 받기 시작했다. 그것이 그녀의 첫 번째 집단 경험이었다. 졸업 의식을 위해 수는 남편을 목격자로 초대했다.

(수의 남편에게는 무대 맞은편 먼 곳에 서 있도록 요청한다)

참여자와 그 가족 사이에 거리를 두는 것은 둘을 분리한 단절을 상징하며, 그들은 의식이 진행되는 동안 그리고 실제 삶 속에서 그것을 넘어서야 한다.

리더 : 우리는 오늘 침묵을 깨고 말하지 못했던 것을 듣기 위해 여기에 왔습니다. 이분들의 목격자가 되기 위해 기꺼이 오신 거지요?

일동 : 네!

사회적 목격자에 대한 언급으로 의식을 시작하는 것은 참여자의 개인적 변형을 보다 넓은 맥락으로 옮겨놓을 뿐 아니라 그들 중 다수가 받아본 적 없는 정당성을 제공한다.

리더 : 수, 어린 시절이나 어른이 되어서 외상 사건을 겪었나요?

수 : 네.

리더 : 그때 고통이나 압도적인 공포를 느꼈나요?

수 : 네.

리더 : 그것이 트라우마입니다.

일동 : 그것이 트라우마입니다.

리더 : 외상의 결과로 당신은 수치심과 죄책감과 자기불신을 경험했나요?

수 : 아주 많이요.

리더 : 그것은 당신 잘못이 아닙니다.

일동 : 그것은 당신 잘못이 아닙니다.

이처럼 기본적이고 표준적인 진술을 반복하는 것은 외상 도식으로 가득 차서 매우 민감하고 취약한 상태에 있는 참여자에게 힘을 부여하여 외상의 목소리와 대적할 수 있도록 하기 위한 것이다.

리더 : 외상 경험 이후에도 무시받고 낙인찍히고 배신이나 거부를 당한 적이 있나요?

수 : (눈물을 흘리며) 전 모욕당했어요.

리더 : 당신은 굴욕을 당했습니다.

일동 : 당신은 굴욕을 당했습니다.

리더 : 혼란스럽고 차단되거나 고립되었다고 느꼈나요?
수 : 전 마음과 삶을 모두 잃어버렸어요.
리더 : 우리는 오늘 당신을 위해 여기에 왔습니다.
일동 : 우리는 오늘 당신을 위해 여기에 왔습니다.
리더 : 고통과 외상의 결과로 사랑하는 사람들을 차단했나요?
수 : (건너편에 있는 남편을 눈물에 찬 눈으로 바라보며) 네.
리더 : 분노를 통제하지 못해 사랑하는 사람에게 상처를 주었나요?
수 : 네.
리더 : 스스로 상처 입힐 때만 살아있는 느낌이 들 만큼 무감각했나요?
수 : 네. 여러 번 칼로 자해를 했어요.
리더 : 고통을 잠재우기 위해 약물이나 술에 의지했나요?
수 : 네.
리더 : 이 모든 것을 끝내는 방법으로 자살을 생각한 적이 있나요?
수 : 자살을 시도했어요.

참여자에게 분명한 공감과 지지를 제공함과 동시에, 부적응적 대응 행동에 대한 책임을 명확히 함으로써 고통받는 가족에 대한 공감의 기반을 구축하고 균형감을 제공하는 것이 중요하다.

리더 : 아직도 희망이 있나요?
수 : (잠시 망설이다가 리더를 바라본다) 네.
리더 : 그렇습니다. 우리는 희망이 있음을 믿습니다.
일동 : 그렇습니다. 우리는 희망이 있음을 믿습니다.
리더 : 당신을 침묵하게 하는 경험을 했나요?
수 : 아무도 내 이야기를 듣고 싶어 하지 않았어요.
리더 : 우리는 지금 당신을 경청합니다.
일동 : 우리는 지금 당신을 경청합니다.
리더 : 당신의 투쟁의 이야기를 들려주십시오.

이것은 참여자와 그 가족이 졸업 의식에서 거쳐야 하는 "시험" 혹은 절차다. 공적으로 고백하는 것은 영원히 침묵하라는 가해자의 명령을 저버리는 것이며, 그 고백을 끝까지 듣기 위해서 가족은 부정과 수치심을 내려놓고 인내해야 하기 때문이다. 일단 이 고비를 넘어서면, 외상에 대한 그들의 관계가 변형된다.

수는 알록달록한 색 끈으로 장식한 지팡이를 짚고 걸어 나왔다. "모호크족의 전통에 따라 말하는 지팡이를 만들었습니다. 껍질을 벗긴 흰 자작나무죠. 거기에 제 삶과 저를 나타내는 검은 색을 칠했어요. 그리고 그 끝에는 진실을 나타내는 흰 색을 칠했습니다. 노란색 끈은 제가 마지막을 목격한 자살한 친구입니다. 빨간색 끈은 25년 전에 절 묶고 고문하고 강간한 오토바이 갱들이에요. 빨간 끈 사이에 있는 검은색 끈은 두 살 때부터 저를 성희롱하다가 강간 사건이 있은 지 몇 주 뒤에 결국 저를 범한 제 아버지를 상징합니다. 회색 끈은 아버지가 날 몇 년 동안 성적으로 학대하도록 놓아두고, 그가 술독에 빠지도록 방관하고, 강간당한 저를 비난하면서 그 어떤 기억도 인정하지 않고 부정으로 일관한 엄마를 나타냅니다. 파란색 끈은 분노, 알콜 중독, 약물남용, 흡연, 고립에 의존했던 저의 대응 방식입니다. 이 말하는 막대기 아랫 부분은 사슴발입니다. 그것은 만약 갱들이 제 팔에 약물을 주사하지 않았다면 도망쳤을 수도 있었을 그 시간을 상징합니다. 또 가죽 끈은 내가 어떻게 결박당했고 재갈 물렸고 고문당했고 죽은 사람 취급을 당했는지를 나타냅니다. 그것은 또한 이 끊임없는 기억의 속박을 말하기도 합니다."

이 이미지의 힘은 압도적이었다. 한 사람의 생애 동안 일어난 끔찍한 경험들이 생명 없는 물체에 고스란히 옮겨져, 그것은 말 그대로 고통과 외로움의 토템이 되었다. 한편 의식을 둘러싼 명확한 경계는 그것이 결국에는 끝날 것이라는 모종의 안도감을 제공했다.

수는 계속했다. "이 외상은 없는 곳 없이 온 삶에 스며들어 소통과 신뢰와 사랑을 방해했습니다. 저는 제 남편 톰에게 여기로 와서 제가 이 종속을 깰 수 있도록 도와주기를 부탁합니다." 톰은 방을 가로질러 아내 곁으로 갔다. 그녀는 그에게 자신의 뒤꿈치에 발끝이 닿도록 뒤에 바짝 붙어 서서 양팔로 자신을 감싸 안고서 막대의 끝을 잡아달라고 했다. 이 독특한 포옹 속에서 그녀의 얼굴에는 눈물이 흘렀고, 잠시 사이를 가진 다음 수와 톰은 동시에 숨을 거칠게 몰아쉬며 손에 있는 막대를 부러뜨려 부수었다. 손에 남아있던 조각을 털어내고서, 두 사람은 서로 껴안았다. 오랫동안 그녀가 혼자서 져온 짐이 남편과 함께하는 감동적인 신체 경험으로 변형되었다.

그것은 또한 관객에게도 공유되었다. 대다수 관객이 외상의 노출을 목격하면서 그리고 부부가 하나가 되어 막대를 부수며 공허를 가로지르는 광경을 보면서 눈물을 쏟지 않을 수 없었다. 의식에서 상징적으로 상연된 두려움과 친밀함의 병치가 다른 어떤 말보다 명료한 이야기를 전해주었다.

의식에서의 역할

의식을 구성하는 역할은 사회의 다양한 차원을 나타내고, 각 차원의 혼란에 접근할 수 있는 기회를 제공합니다. 역할을 관통하는 초점은 과거보다는 현재와 미래에 둡니다.

리더

리더는 이 잠정적인 사회 구조, 곧 의식에 권위를 부여하는 권력을 표상합니다. 그 권위는 집단의 경험의 진실과 용기 그리고 정신건강 전문가의 전문성에 대한 사회의 인정을 근거로 성립합니다. 리더는 집단 성원과 사회를 모두 나타낸다고 할 수 있습니다. 이 이중적 역할은 외상 생존자를 일반 사회로 통합하는 모델을 제공합니다. 집단에게 외상 생존자이면서 사회 구성원일 수 있는 본보기인 셈이지요. 또한 외상은 흔히 "권위"의 무관심, 무능력, 부패나 의도의 결과로 발생하기 때문에, 리더의 존재와 행동은 우리 사회에서 권위자가 어떻게 행동해야 하는지에 대한 모델이 되기도 하지요(루빈과 존슨, 2000).

리더의 기능은 또한 의식의 구조와 형식을 유지하는 것에 있으며, 그것은 그 안에서 유발된 감정과 고조된 불안을 담아내기 위해서 꼭 필요합니다. 참여자들에 대한 리더의 권위는 작업 과정을 통해 형성됩니다. 리더가 관객에게 설득력을 갖기 위해서는 의식의 시작에 앞서 자신을 내빈 모두에게 소개하고 의식 동안에 진행될 것을 개인적으로 안내하면서 적극적으로 임해야 합니다. 그리고 리허설 과정을 관객에 대한 권위를 세우는 기회로 사용해야 합니다. 외상에 몰두해 있지만 세상 속에서 여전히 기능적인 한 사람으로서, 리더는 외상에도 불구하고 그것을 부정하지 않고 그 짐을 짊어질 수 있게 되는 치료 과업의 목표를 상징합니다.

목격자

목격자는 참여자들이 초대한 사람으로 참여자의 사회적 연결망과 현재의 지지 체계를 나타냅니다. 의식이 진행되는 동안, 목격자들은 참여자를 마주보고 섭니다. 둘 사이의 거리는 의미 있는 관계를 맺기 위해 그들이 다리를 놓아야 할 간극을 상징합니다. 그것은 또한 얼굴과 얼굴을 마주하고 직접 소통하는 것의 중요성을 강조합니다. 참여자는 더 이상 비밀이 드러날까 봐 의미 있는 교환을 기피해서는 안 됩니다. 이 만남은 목격자를 아무에게도 드러내지 않은 외상의 기억이 숨겨져 있는 참여자의 내면세계로 초대합니다. 참여자의 경험에 대한 목격자의 긍정과 확증은 회복 과정에서 참여자의 목소리와 노력에 힘을 부여합니다. 참여자의 가족은 흔히 외상의 거대함과 그 후유증 때문에 참여자를 지지하는 데 어려움을 겪습니다. 치유 과정에서 목격자의 역할에 경의를 표하는 것은 그들의 노력을 북돋워줍니다.

생존자

생존자는 의식적 변형의 중심에 있습니다. 외상의 힘에 맞서 저항할 수 있는지 혹은 또다시 물러날지와 상관없이, 참여자들은 모두의 관심의 주체가 됩니다. 여성들은 무의미한 폭력 행위를 주도적으로 기억하여 그것을 생존의 이야기로 바꿔내면서 회복을 성취합니다. 그 고백의 행위는 피해자에게 교육자의 역할을 부여합니다. 그래서 이제는 선택하기만 하면 통제력을 발휘할 수 있습니다. 어떻게 이야기를 할지, 누구를 목격자로 초대할지, 얼마만큼 드러낼지를 결정하는 것이지요. 그 과정에서 비밀을 지키는 데 쏟아 부었던 에너지가 미래와 치유를 위해 쓰이게 됩니다. 고백을 통해 청중의 감동을 이끌어내는 능력은 집단 밖의 다른 사람들과 어떻게 긍정적인 유대를 형성할 수 있는지를 보여줍니다. 사회를 비롯해 자신의 지지 체계와 짐을 나누어 짐으로써 참여자들은 가족과 공동체와의 관계를 재건합니다. 의식은 이렇게 과거가 아닌 현재와 미래를 지향합니다.

관객

의식은 그 성원에 대한 사회의 헌신을 재건하기 위해 공적인 환경 속에서 진행됩니다. 관객은 사회를 나타내며 그러므로 의식에 관객이 적극적으로 참여하는 것이 중요합니다. 의식이 진행되는 동안 관객은 제창을 합니다. 관객이 큰 소리로 반응하는 것은 회복 과정에 대한 헌신과 책임감의 강도를 나타내지요. 청중의 큰 목소리는 수치심과 비난의 목소리를 압도합니다. 관객/사회의 존재는 또한 환대의 경험을 허용합니다. 참여자에게 관객의 반응은 외상의 악마와 맞서 싸우고 집으로 돌아왔을 때 받지 못했던, 그 환대입니다. 사회는 피해자를 보호하지 못했기 때문에 그들의 용기에 경의를 표할 책임이 있습니다.

"침묵을 깨는 책"

수년에 걸쳐 의식을 진행하는 동안, 우리는 참여자들의 시와 글과 미술 작품을 수집하여 "침묵을 깨는 책"으로 묶어 센터에서 전시하였습니다. 이 책은 외상이 어떤 영향을 미치는지를 알 수 있게 해주지요. 그것은 외상 사건을 용감한 치유의 이야기로 변형하는 과정을 보임으로써 외상의 기록이자 기념으로 기능합니다.

졸업 의식의 진행

의식에 앞서

사전 만남에서 의식에 관한 정보를 들었지만, 과정이 진행되면서 의식에 대한 저항이 올라올 것입니다. 치료사는 그와 관련한 불안을 인식하되 의식의 중요성을 설득하는 것이 필요합니다. 의식은 치료의 본질적 과정이므로 한 사람도 빠짐없이 참여하는 것이 좋습니다. 저항을 다루려는 노력에도 불구하고 참여자가 목격자 없이 의식을 치르려 할 경우에는 관객 중에서 해당 참여자를 위해 가장 바람직한 목격자를 선택해야 합니다. 사이가 멀어진 자매나 돌아가신

아버지 연배의 남자와 같이, 참여자에게 중요한 사람을 나타내는 인물이어야겠지요. 이때 다른 치료사나 참여자를 목격자로 채택해서는 안 됩니다. 왜냐하면 목격자는 생존자가 사회로 돌아갈 때 그를 반겨줄 "외상의 원" 외부에 있는 사람을 상징하기 때문입니다.

의식을 하는 동안 아래 순서와 지침에 따라 의식을 진행합니다.

1. 관객이 의식의 공간에 모인다. 각 참여자마다 누가 목격자 역할을 할 것인지를 분명히 한다. 생존자는 한 명 이상의 목격자를 초대할 수 있다.
2. 생존자들은 또 다른 방에서 만난다.
3. 관객에게 의식에 어떻게 참여할 것인지를 안내한다. 관객에게 의식 순서지를 나누어준다(이것은 참여자들에게는 주지 않는다). 관객에게 의식의 주재자 역할을 할 것이라고 말한다. 관객은 리더의 말을 한 목소리로 따라할 것이며, 그 말은 첫 문장("이 여성들의 이야기의 목격자가 되기 위해 기꺼이…")을 제외하고 모두 순서지에 굵은 글씨로 적혀 있다. 그것을 직접 소리 내어 읽어야 한다.
4. 이 대사 한두 줄을 관객과 연습한다.
5. 참여자들을 의식의 공간으로 이끈다. 이제부터 리더의 목소리와 태도는 공식적이어야 한다. 집단을 관객과 마주보도록 한 줄로 세우고 그 앞에 선다.
6. 의식에 적합한 음악을 골라 튼다. 음악이 일상의 공간을 의식의 공간으로 변형하는 데 도움을 준다.
7. 각 참여자는 다른 참여자들에게 헤어지는 인사를 하고 한 번에 한 사람씩 리더 옆에 선다.
8. 해당 참여자의 목격자는 방의 반대편에서 참여자를 향해 선다. 둘 사이에 거리를 두는 것이 중요하다.
9. 순서지에 따라 의식을 시작한다. 참여자가 울기 시작하면, 어깨에 손을 얹고 의식을 계속하도록 격려한다. 참여자가 어울리지 않는 반응을 할 경우에도

부정적인 태도를 취해서는 안 된다. 가족들이 참여자를 염려하여 의식을 방해할 때는, 지금은 참여자가 말을 하는 시간임을 주지시킨다. 참여자가 고백을 한 후에는 목격자에게 소감을 말하게 한다. 자발적인 상호작용을 허용한다. 포옹과 같은 비언어적인 소통이 일어난다면 그대로 두지만, 목격자가 그 느낌을 말할 수 있도록 질문하는 것이 필요하다. 참여자와 목격자의 언어적 소통이 치료적 개입에서 중요한 요소이기 때문이다.

10. 이 만남이 진행된 뒤에도 참여자와 목격자가 함께하도록 한다. 이는 변형의 상징적 재현이다. 처음에는 떨어져 있었지만, 이제 참여자는 그 가족과 관객(사회)과 하나가 된다.
11. 의식의 이 부분은 매우 감정적이고 환기적이다. 모두가 그것을 경험할 수 있도록 충분한 시간을 허용한다.
12. 각 참여자를 위한 의식을 반복한다.
13. 의식의 말미에는, 치유 과정에 참여하는 것의 의미와 위력을 강조함으로써 결론을 맺는다. "오늘 우리는 어둠에 맞서 절망의 목소리와 싸우는 이 여성들의 용기를 목격했습니다. 트라우마는 혼자 있을 때 일어납니다. 오늘 우리는 여기에서 함께입니다. 트라우마는 사람을 침묵하게 합니다. 오늘 우리의 목소리는 크고 뚜렷합니다. 트라우마는 희망 없음과 절망에 관한 것입니다. 오늘 우리는 희망과 자긍심으로 가득합니다. 오늘 우리는 트라우마를 이겼습니다. 치유의 일부가 되어주신 여러분 모두에게 감사를 드립니다."
14. 참여자 모두를 다과가 있는 비공식적인 만남에 초대한다.

PART

03
외상중심 집단심리치료의 성공

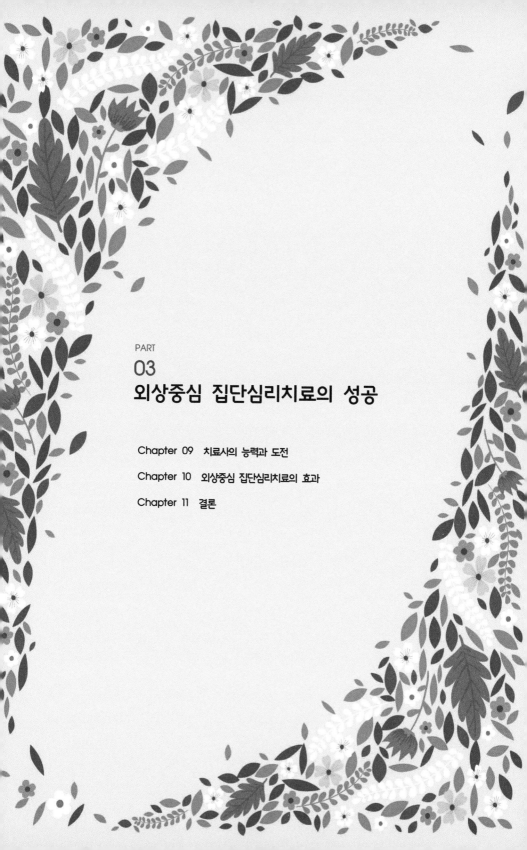

trauma–centered group psychotherapy for women

chapter 09

치료사의 능력과 도전

trauma-centered group psychotherapy for women

치료사의 자질

치료사는 TCGP 모델에서 중요한 역할을 합니다. 치료사는 숙련된 촉진자일 뿐 아니라, 외상의 어둠을 정면으로 직면하는 데 익숙한 사람일 필요가 있습니다. TCGP가 요구하는 근본적인 능력은 외상 경험을 침착하게 다루는 것입니다(헤게먼 & 올, 2000, 펄먼 & 삭비트네, 1995). 외상 환자들은 특히 치료사가 보이는 사소한 회피의 충동도 예민하게 감지하며, 때로는 그것을 기대하기도 합니다. 치료사는 흔들림 없는 헌신으로 참여자와 함께 소통해야 하며, 외상이나 가해자의 기억이 떠오를 때는 특히 그렇습니다(나이트, 1997). 그것은 세 가지 방식으로 나타나며, 그 각각은 치료사가 숙달해야 할 기술이기도 합니다.

첫째, 치료사는 누구보다 먼저 외상의 주제나 도식의 재연을 나타내는 언어적이고 비언어적인 단서에 주의를 기울이고 주목해야 합니다. 둘째, 외상 경험에 대한 인내심을 가지고 그것이 표면으로 올라올 때 침착하게 다룰 수 있어야 합니다. 치료사가 외상과 직접 대면하기를 회피하는 기미가 조금이라도 보이면, 참여자들 역시 외상 경험을 두려워하게 됩니다. 그것은 참여자를 침묵하게 하고 무수한 전치[1]와 혼란을 야기할 것입니다. 셋째, 치료사는 외상중심 작업에서 흔히 마주치는 다양한 투사에 동요되지 않아야 합니다(쉐메르, 2005). 회기 중에 치료사는 가해자, 피해자, 공모자, 방관자를 재현할 수 있으며, 참여자들이 토론에 개입함에 따라 적절한 역할로 빠르고 유연하게 변화되어야 합니다. 그런데 양육자나 구조자 역할에만 익숙한 치료사는 이 과정에서 어려움을 겪을 수 있습니다. 그러므로 앞서 말한 역할을 포함해 교육자, 목격자, 스승, 동시대인 등 다양한 공식적 역할을 수행할 수 있어야 합니다.

도전

여기서는 집단 과정에서 일어날 수 있고 치료사의 입장에서 특별한 관심이나 개입이 요구되는 상황을 설명하겠습니다. 이 세 가지는 모두 외상중심 작업 전반의 근본적인 도전의 확장일 뿐입니다.

1. 회피

대다수 PTSD 이론은 회피를 외상의 환기와 관련된 고통에 맞서기 위한 주요한 방어기제이며, 외상의 훈습을 방해하는 것으로 설명합니다. 그런데 규범적인 통합 과정을 회복하기 위해서는 회피를 좀 더 명확히 규정하고 다룰 필요가 있습니다.

TCGP 모델은 첫 회기에서 회피를 직면시킵니다. 외상 경험의

1 전치(displacement)는 방어기제의 일종으로 놀랍거나 굴욕적이거나 불쾌한 기분과 충동을 덜 위협적으로 보이는 사람이나 사물에게 돌리는 것을 말합니다.

이른 노출은 참여자가 트라우마를 회피하기보다 직면하도록 압력을 가하지요. 흔히 참여자들은 "그것을 얼른 끝내버린 것"에 대해 안도감을 느끼며, 그것이 집단의 탈락률을 낮추어줍니다. 또 이질적인 집단 구성의 맥락에서 초기에 외상을 노출하는 것은 집단의 응집력을 높여줍니다. 한 사람의 이야기를 다른 여러 사람이 경청할 수 있다는 사실은 그 즉시 집단의 신뢰에 깊이를 더해줍니다.

회피의 또 다른 형식은 토론을 지금 여기의 주제나 상황으로 전치하는 것입니다. 이것을 다루는 것은 참여자들이 외상을 다루는 부적응적 방식을 발견하도록 촉진합니다. 외상에 관해 직접 의견을 주고받으면서 평상시에 참여자들이 흔히 회피하는 감정과 생각에 직면하게 하는 것이지요. 치료사는 반드시 회피와 철수 경향에 적극적으로 개입해야 합니다. 가령 한 참여자가 학대를 당하는 동안 엄마가 자신을 보호하지 않은 것에 대한 분노를 그 순간 자신에게 주목하지 않은 치료사에게 투사한다면, 치료사는 참여자가 과거의 감정을 현재의 대상에게 재연하고 있음을 지적해야 합니다. 그렇게 해서 전치 행위를 명명하고 분노를 외상 경험으로 되돌리는 것이 중요합니다. 대체를 분명히 밝히고 외상과 관련된 잠재된 감정을 직접 다룸으로써, 참여자는 회피를 직면하고 사례 9.1에서 볼 수 있는 바와 같이 적절한 회상을 경험하게 됩니다.

사례 9.1: 질

45살의 싱글 여성인 질은 직장 동료들과 여러 가지 어려움을 겪고 있다. 그녀는 혼자 살고 있고 사회적 접촉이 전혀 없었다. 그녀의 엄마는 자녀들에 대한 책임을 방기한 채 신체적으로나 정서적으로 학대를 했고, 아버지는 질이 아주 어릴 때 가족을 떠났다. 집단 과정 첫 단계에서 그녀는 가난한 가정에서 자라면서 겪은 어려움과 엄마 등쌀에 엄청난 집안일을 했던 것을 이야기했다. 질은 학대의 정도를 정확히 드러내지 않았고, 회기마다 자신은 성적으로 학대당하지 않았기 때문에 다른 사람들과 다름을 강조했다. 다른 사람들에 비해 자신의 상처가 가볍다고 느꼈고 그래서 말을 아꼈지만, 집단 속에서 자신의 경험에 자주 초점을 맞추면서 다른 사람들이 자신을 이해하지 못한다고 느꼈다. 이것이 그녀가 외상을 회피하는 전략이라는 사실이 분명해졌다. 치료사는 질에게 그렇게 투명 인간처럼 눈에 띄지 않는 것이 어떤지 물었다. 질은 다른 사람들과 접촉하면서 잘 어울리고 싶다고 반복해서 말했다. 치료사는 그 목표를 이루려면 어떻게 해야 하는지를 다른 참여자들에게 묻게 했다. 질은 그 말을 듣자마자 다른 참여자들이 아직 자신을 잘 모르며 따라서 그 문제에 대해 어떤 조언도 할 수 없을 것이라고 대답했다. 치료사는 다시 그녀에게 어린 시절에 집에서 보이지 않는 존재로 있었던 느낌이 어땠는지를 물었다. 질은 훨씬 생생한 표정으로 "특히 엄마가 화가 났을 때는 눈에 띄지 않는 게 훨씬 나았어요"라고 말했다.

치료사 : 그러니까 눈에 띄지 않는 것으로 당신을 보호했군요. 그것이 엄마의 분노로부터 숨는 방식이었네요.

질 : (고개를 끄덕이면서 눈에 띄게 불안해진다).

치료사 : 여기서도 눈에 띄지 않으려고 노력하는 것이 학대의 고통으로부터 당신을 보호해주는지 궁금하네요.

질 : (눈물을 글썽이며) 우리 엄마는 미쳤어요. 아무 이유도 없이 화가 머리끝까지 나서는 우리를 때리곤 했죠. 어린 여동생들을 보호하려면 내가 온몸으로 매를 맞아야 했어요. 나한테 가구를 던진 적도 있었어요. 집에서 도망치면, 엄마는 문을 잠그고 몇 시간씩 들여보내주지 않았어요. 밥도 안 주고 잠도 못 자게 했죠(운다).

치료사 : 질, 그때는 엄마가 당신을 해치지 못하도록 눈에 띄지 않는 것이 필요했습니다. 하지만 지금은 안전합니다. 더 이상 숨을 필

요가 없어요. 여기서는 아무도 당신을 때리지 않습니다. 지금은 오히려 고립됨으로써 고통을 가중시키고 계속해서 혼자가 되고 있잖아요.

집단은 아픈 경험을 드러낸 질의 용기를 지지했다. 그녀의 이야기는 들을 가치가 충분하며 그녀 역시 돌봄을 받아야 한다는 데 공감했고, 그 이야기를 통해 그녀를 알게 되었고 호감을 느꼈음을 질이 알게 해주었다.

이 사례에서 질은 학대의 고통과 공포를 피하기 위해 회피를 사용했습니다. 문제에 관심을 기울임으로써 자신에게서 주의가 비껴나가게 한 것이지요. 다른 사람들과 연결되기를 갈망하면서도 공포에 질려 적극적으로 자신이 원하는 것을 방해한 것입니다. 치료사는 그녀의 전치 행동에 주목하여 그 뿌리가 외상 사건에 대한 방어에 있음을 밝힘으로써, 질이 자신의 감정을 통제된 방식으로 경험할 수 있도록 도왔고 그리하여 그녀가 소망하던 지지와 접촉으로 이끌었습니다.

2. 감정적 흥분

치료사가 집단 과정에서 나타나는 높은 수준의 불안과 감정적 흥분을 견뎌내는 것은 절대적으로 중요합니다. 어떤 이유에서든 그것을 회피하거나 비켜가려는 것이 발견된다면, 그 불편감은 반드시 수퍼비전에서 다루어야 할 것입니다. 감정적 흥분이 고조되는 것은 PTSD 증상일 뿐 아니라 외상에 대한 인간적인 반응입니다. 의미 있는 변화를 이끌어내기 위해서는 이렇게 외상과 관련된 진정한 감정을 이끌어내는 것이 중요하지요. 어떤 참여자에게서 감정적 흥분이 감지된다면 그것은 외상 도식의 출현을 알려주는 것일 가능성이 큽니다. 치료사는 집단 과정에서 재연되는 외상 주제나 행동을 알아차릴 수 있도록 주의를 기울여야 합니다. 감정적 흥분과 같이 외상 환자의 내면을 비추는 거울이라 할 수 있는 언어적이고 비언어적인 사인을 잘 살피는 것이 중요합니다.

때때로 짧은 강의의 주제가 집단의 감정적 바로미터를 증가시키기도 합니다. 몸에 대한 태도나 성역할의 주제는 수치심이나 두려움을 자극하는 경향이 있습니다. 감정적 흥분을 고조시키는 또 다른 상처는 가해자의 이미지입니다. 치료사는 그것을 잘 알고 집단에서 그것이 일어날 때 명확하게 언급할 필요가 있습니다. 만일 치료사가 그것을 놓치거나 무시하거나 회피한다면, 참여자에 따라서는 치료사를 방관자나 가해자로 경험할 수도 있습니다. 참여자를 보호해야 할 과제를 방임하고 교정의 기회를 회피한 치료사에게 실망하는 것이지요. 그러므로 치료사는 감정적 흥분에 정말로 민감해야 합니다. 반드시 그 상태를 알아차리고, 그 감정을 밝혀 외상 및 외상에 대한 반응과 연결지음으로써 참여자가 그것을 어떻게 다루고 있는지를 적절한 개념으로 반영할 수 있도록 준비되어야 합니다. 짧은 강의에서 칠판에 정보를 적는 것은 이런 감정을 다루고 처리하는 적응적인 방식을 소개하기에 좋습니다. 감정이 격앙된 순간에 칠판에 뭔가를 적는 것은 속이 뒤틀리는 신체적 경험으로 지각되었던 것을 인지적으로 다시 바라볼 수 있는 구조를 제공해줍니다. 집단에서 가해자의 존재를 인식하는 것은 역설적으로 집단에 대한 그의 힘을 무력화합니다. 사례 9.2는 이 과정의 중요성을 날카롭게 보여줍니다.

사례 9.2: 카렌

카렌은 트럭 사고로 거의 죽을 뻔했다. 트럭 운전사인 그녀는 자신의 일에 자부심을 가졌지만 사고와 긴 회복 기간 이후에 PTSD와 심한 공황장애가 생겼고 그래서 다시 일을 하기가 어려웠다. 카렌은 여자를 무시하고 과소평가하는 환경에서 자랐고, 그에 대한 반동으로 가족에게 여성으로서 자신의 가치를 입증하기 위해 남자들의 영역으로 취급되는 운전을 택했다. 카렌은 운전을 아주 잘 했고 네 아이의 헌신적인 어머니로서 괜찮은 가정을 꾸렸다. 교통사고는 그녀의 몸과 마음에 상처를 입혔을 뿐 아니라 무시무시한 공허와 절망을 안겨주었다. 집단이 진행되는 동안 그녀는 적극적으로 참여하면서 다른 이들을 지지해주었다. 교통사고에 대해서도 솔직하게 말했고 운전을 하지 못하는 고통을 표현했다. 집단은 그녀에게 시간을 충분히 가지라고 위로해주었다. 그녀는 낡은 바지와 더러운 손을 한 채 집단에 나타날 때가 많았고 남자처럼 굴었다. 치료사가 “여성성 : 적인가 동지인가?”라는 강의를 했을 때 카렌은 매우 힘들어했다. 몸은 긴장으로 굳어졌고 다소 흥분하여 빠른 속도로 다리를 떨었다. 치료사는 강의 중에 카렌의 상태가 갑자기 바뀐 것을 알아차렸다. 강의를 마친 후 치료사는 카렌에게 혹시 여성성을 적으로 여기지 않는지 물었다. 그녀는 눈에 띄게 불안해하며 교통사고가 자신의 잘못이 아닌데도 여성성을 탓했다는 것을 처음으로 인정했다. 치료사가 카렌의 가족이 늘 여성성을 폄하했던 것이 그대로 내면화된 것 같다고 지적하자, 그녀는 자신이 트럭 운전을 택한 것은 가족이 틀렸음을 입증하기 위한 것이었다고 반응했다. 그리고 여성성이 자신을 배신했다고 믿음으로써 그 같은 노력을 어떻게 무너뜨렸는지를 깨달았다. 집단은 엄마로서 그녀의 능력과 헌신과 상기시킴으로써 카렌을 지지했다. 한 참여자는 칠판에 보살피는 모성 본능은 적이 아니라 동지라고 적어 보였다. 치료사는 스스로 유능한 엄마라 생각하는지 물었고, 카렌은 긍정적으로 대답했다. 카렌은 자신의 여성성을 포용하고 가족으로부터 받은 무능한 여성의 이미지를 떨쳐내려 애썼다. 카렌이 다시 운전대를 잡는 것은 가족에게 자신을 입증하려는 반동적 욕망이 아니라 유능감에 바탕을 둔 것으로 변형되었다.

3. 해리

많은 참여자들이 해리 증상이나 해리 스펙트럼 진단명을 갖고 있지만 실제로 해리가 자주 일어나지는 않습니다. 해리는 일반적으로 외상의 재연이나 감정적 흥분의 맥락에서 일어납니다(헤게먼 & 올, 2000). 해리를 보이는 참여자가 있을 경우에, 치료사는 그것을 집단에게 알려 해리에 대한 이해를 돕는 것이 좋습니다. 만일 해리 상태의 참여자가 토론에 참여하지 못한다면, 집단에게 해당 참여자에게 큰 문제가 없음을 납득시키고 집단 과정을 지속해야 합니다. 그리고 참여자가 해리 상태에서 벗어나면 그 사실을 집단에 알리고 참여자 자신도 "밖"에 있는 동안 무슨 일이 있었는지를 알게 하는 것이 좋습니다. 방어기제가 작동하는 동안에는 그것을 지지하는 것도 중요하지만, 나중에는 그로 인해 무엇을 놓쳤는지를 자세히 알려줌으로써 부드럽게 직면을 촉진합니다. 해리 경험에 관하여 앞으로 그 증상을 어떻게 다루고자 하는지, 이번에는 그것이 어떻게 도움이 되었는지를 질문하는 것입니다. 외상 치료의 맥락에서 해리를 다루는 것은 사례 9.3이 보여주듯이 그와 관련한 불안과 불편함을 감소시키는 데 도움이 됩니다.

사례 9.3: 엘렌

"차단은 고립을 지속 시킨다"라는 주제의 짧은 강의를 한 다음, 집단은 혼자인 것에 대한 찬반 의견을 적극적으로 주고받았다. 고립이 안전하고 또 다른 외상 경험으로부터 보호해준다고 강하게 느끼는 쪽이 있는가 하면, 어떤 참여자들은 사람들과 접촉하고 지지 연결망과 관계를 유지하는 것의 장점을 주장했다. 어른이 된 이후 대부분의 시간을 사회적 접촉에서 물러나 고립된 채 지낸 엘렌은 왼쪽 벽을 뚫어지게 응시하며 의자에 앉은 채 상체를 앞뒤로 흔들기 시작했다. 치료사가 엘렌의 이름을 두 번 불렀지만 대답이 없었다. 순간 집단이 조용해지면서 불안이 빠르게 전파되었다. 치료사는 침착하게 엘렌이 해리 상태에 들어간 듯 보인다고 설명했다. 그녀는 엘렌이 고통의 수준을 조절하기 위한 방법으로 잠시 "떠나 있는 것"이며 조금 편안해지면 곧 집단으로 "다시 돌아올 것"이라고 설명했다. 치료사는 집단에게 해리가 무엇인지 아는지 그리고 그것을 목격하거나 경험한 적이 있는지 물었다. 참여자 중 일부는 해리에 관해 전혀 아는 바가 없다고 했다. 치료사는 외상 사건이 일어나는 동안 방어기제로서 해리가 갖는 유용성과 해리 증상이 외상 경험을 연상시키는 자극에 의해 촉발될 수 있음을 간략하게 소개했다. 그리고 토론이 엘렌에게 외상 경험을 상기시킨 것 같다고 설명한 다음 집단의 불안 수준을 점검했다. 참여자들은 상당히 불안해했지만 그에 대해 이야기하면서 평정을 되찾아갔다. 치료사는 해리 상태에 있는 누군가를 목격하는 것은 과거의 외상이 얼마나 강력한 힘을 행사하는지를 보여준다는 점에서 고도의 불안을 야기할 수 있음을 고려하여 이렇게 말했다. "엘렌은 충분히 시간을 가지고 나면 다시 돌아올 것이고, 그때 제가 그녀와 관련하여 우리가 어떤 이야기를 나누었는지 전하겠습니다. 지금부터는 아까 하던 이야기를 계속 하면 좋겠습니다." 집단은 어려움 없이 토론을 지속했다. 약 10분이 지나고 엘렌이 해리에서 나와 집단에 돌아온 것이 분명해졌다. 치료사는 무슨 일이 있었는지 물었지만 그녀는 모르겠다고 말했다. 그녀는 자신을 부르는 치료사의 목소리를 듣지 못했다. 치료사는 엘렌에게 그 사이에 있었던 일을 설명하고, 앞으로 그런 경우가 다시 발생하면 집단이 어떻게 해주기를 원하는지 물었다. 엘렌은 제 속도에 따라 다시 돌아올 때까지 혼자 두는 것이 가장 편하다고 답했다. 치료사가 다른 참여자들의 이야기를 들을 수 있겠느냐고 묻자, 그녀가 그렇다고 했다. 참여자 모두가 엘렌에게 따뜻한 격려의 말을 해주었다. 그녀는 집단에 감사를 표했고 종전보다 덜 불안한 것을 확인했다.

chapter 10

외상중심 집단심리치료의 효과

trauma-centered group psychotherapy for women

개발과 임상 실험의 시기를 지나 우리는 TCGP를 실행한 다섯 명의 경험적 연구를 집약하여 1998년에 출간했으며(루빈, 로리스, 버트 & 존슨, 1998), 이 장은 그 결과를 요약한 것입니다.

그 연구 이후로도 우리 센터의 22개의 집단과 다른 센터에서 다른 임상전문가들이 이끈 12개 집단(총 272명의 참여자)이 있었는데, 그 결과는 전반적으로 지속적으로 긍정적인 것으로 나타났습니다. 우리 센터의 경우 참여자의 75%가 집단 이후에 의미 있는 개선을 보고했습니다. 탈락률은 2%에 지나지 않았고, 집단에 참여한 후로 악화된 참여자가 4명 있었습니다. 현재는 TCGP의 결과를 개인 치료, 지지적 비외상 중심 집단 치료, 약물 치료 등 다른 유형의 치료와 비교하기 위해 더 많은 경험적 연구를 설계하고 있습니다.

연구의 요약

이 연구는 5개 집단(N=29)의 만성 PTSD로 진단받은 다중 외상 여성 환자를 대상으로 그 주요 증상을 완화함에 있어 16주 TCGP의 효과를 검증하고자 했습니다. 평가는 시작 시점에서, 치료 기간 동안 한 달 간격으로, 종결 시점에서, 6개월 뒤에, 자기보고와 PTSD와 정신증 증후학의 구조화된 면담 척도를 사용하여 진행되었습니다. 환자들은 PTSD의 세 가지 주요 증상(즉 재경험, 회피, 과각성)과 우울 증상에서 모두 의미 있는 감소를 보여주었고, 종결 시점에서는 전반적인 정신증적이고 해리적인 증상들이 의미 있게 줄어들었습니다. 그리고 이 같은 호전 양상은 6개월 후 추수 평가에서도 유지되었습니다.

방법론

1. 환자

여성 환자들은 광고를 통해 모집하고 지역 기관으로부터 위탁을 받았습니다. 선발 기준은 ① 18세부터 65세 ② 아동기나 성인기에 폭력 범죄, 신체적이거나 성적 학대 혹은 기타 정서적인 외상 사건(생명이나 신체적 통합에 심각한 위협으로서 정의되는)을 겪은 피해자나 목격자 ③ 집단 치료에 기꺼이 참여할 의사가 있는가였습니다. 급성 위기 상태이거나 물질 남용이 심하거나 정신증이나 자살사고가 심각하거나 다른 집단 치료에 참여하고 있는 경우는 배제했습니다. 환자들은 기존의 치료 구조(즉 개인 치료, 약물 복용, 12단계 프로그램)에서 아무런 변화를 보이지 않았음을 전제로 선택되었고, 치료비용은 전혀 부담하지 않았습니다. 집단은 6명에서 7명으로 구성되었습니다.

이 연구를 위해 56명의 환자가 평가를 받았고, 그 중 38명이 조건을 충족했습니다. 환자들에게 연구의 목적과 절차를 충분히 설명한 뒤 서면 동의서를 받았고, 그로부터 2~3주 기다리는 동안 5명이 탈락하여 최종적으로 33명의 환자 중 29명이 치료 과정을 완결했습니다. 4명은 1단계에서 탈락했습니다(첫 번째 네 집단에서 각 한 명씩).

2. 치료사

하다르 루빈 박사가 다섯 개 집단 전체를 위한 리더 치료사 역할을 했고, 4개 집단을 맡은 여성 임상 심리학자와 연구 시작 전에 치료 모델 훈련을 받고 나머지 한 집단을 맡은 여성 정신과의사가 공동 리더가 되었습니다. 회기를 마칠 때마다 리더 치료사가 수퍼비전을 통해 치료 모델이 잘 적용되고 있는지를 감독했지만, 연구 조수가 수집한 양적 평가 자료를 치료사들에게 공개하지는 않았습니다.

3. 진단평가 도구

네 명의 훈련받은 임상심리사가 시작 시점, 치료 과정에서 한 달 간격으로, 종결 시점, 6개월 후에 환자들에 대한 진단평가를 수행했습니다. 각 환자는 매번 같은 임상심리사에게 평가를 받았습니다. 그 내용에는 외상 역사에 대한 자세한 리뷰와 PTSD 진단평가, 전반적인 정신병 징후학 진단평가가 포함되었습니다. 진단은 DSM-Ⅲ-R을 위한 구조화된 임상 면접(SCID)를 근거로 하였습니다.

4. PTSD 평가 도구

임상가 관리의 PTSD 척도(CAPS)는 DSM-Ⅲ-R에 기록된 17가지 PTSD 증상의 빈도와 강도를 평가합니다(블레이크 외, 1995). 현재(즉 1주 전)와 전생애 PTSD를 모두 평가했고, 시작, 종결, 후속 시점의 평가에 더하여, CAPS는 작업 과정 동안 한 달, 두 달, 석 달 시점에서 변화 양상을 평가했습니다. 일반인 PTSD를 위한 미시시피 척도(MISS)는 전투관련 PTSD를 위한 미시시피 척도의 저자들이 민간인을 대상으로 변형한 것으로, 모두 39개 항목의 자기 보고를 위한 질문으로 구성됩니다(키네, 캐댈 & 타일러, 1988). 외상 영향력 척도(IES)는 인지적 침투와 회피의 두 개 하위척도로 구성된 15항목 척도입니다(호로비츠, 윌너 & 알바레즈, 1979).

5. 정신병 증후학의 평가 도구

증상 체크리스트-90-개정판(SCL-90-R)은 정신병 증후의 광범한 스펙트럼을 포괄하는 90개 항목의 리커트 척도(데로가티스, 1977)입니다. 벡 우울증 검사(BDI)는 21개 항목의 자기 보고 질문지로서, 강간 피해자들의 우울증에 관한 경험적 연구에 널리 사용되어 왔습니다(벡 외, 1961). 해리 경험 척도(DES)는 28개 항목의 자기보고 척도로서 해리 증상과 경험을 평가합니다(번스타인 & 푸트넘, 1986).

6. 자료 분석

분석 전략은 두 가지로 구성됩니다. 치료 전후의 결과 수치 변화를 검증하는 것과 치료 중일 때와 6개월 후 추수 평가 결과 수치의 변화를 검증하는 것입니다. ANOVAs나 t-검사를 반복 측정하여 종속 변인에 대한 전반적인 치료 효과뿐 아니라 각 독립변인(집단, 연령, 외상 연령, 외상 유형, 가해자 유형, 최근 외상, 결혼 여부)의 영향을 검증하였습니다. 범주에 들어가지 않는 변인을 위해 중앙값 분리를 사용했고, 다중비교에 근거하여 p 가치를 0.1 수준에 맞추었습니다.

결과

1. 인구학적 특징

인구학적 데이터는 표본이 평균 45세에 백인이 가장 많고 비교적 교육수준이 높으며 부분 고용 상태에 있음을 보여줍니다. 환자들은 일반적으로 아동기부터 성인기까지 성폭행이나 강간(83%), 물리적 공격(59%), 폭력 사건(31%) 등 몇 차례의 외상을 경험했습니다. 가해자는 가족(66%)이 가장 많고 아는 사람(24%)과 낯선 사람(10%)이 뒤를 이었습니다. 평균적으로 마지막 외상 경험은 10년 앞쪽이었고, 표본 집단은 그보다 긴 기간 동안 심각한 질환을 앓아왔습니다. 각 환자는 평균적으로 DSM-Ⅲ-R 진단의 세 가지 규준을 충족했고, 거기에는 불안 장애 66%, 기분 장애 52%, 경계선 성격 장애 34%, 신체형 장애 14%, 극심한 스트레스 장애 79%가 포함되었습니다. 입원과 자살 시도 경험이 있는 참여자가 절반 가량이었고, 그들의 평균 기능 정도 평가(Global Assessment of Functioning) 점수는 55점(SD=7.42)이었습니다. 여성들은 TCGP에 참여하기 전 평균 7.6년(SD=3.4) 가량 외래환자로 심리치료를 받았고, 연구가 진행되는 동안에도 83%가 개인 치료를, 79%가 향정신성 약물치료(17% 항정신병성 약물, 62%는 항우울제, 55%는 항불안제)를 병행하였습니다. 연구 변인에 대해서는 다섯 명의 연구진 사이에 의미 있는 차이가 없었습니다.

2. 치료 전후 효과

표 10.1은 연구의 주요 결과를 보여줍니다. 환자들은 모든 하위척도와 총체적 증후학에 기반한 임상 면담으로 측정한 결과 PTSD

증상에서 의미 있는 감소를 나타냈습니다(29명 중 26명이 개선되었다). 이 같은 감소세는 치료 첫 달 내에 명확해졌고 종결 때까지 꾸준히 개선되는 것을 볼 수 있었습니다. CAPS 점수에서 임상적으로 의미 있는 감소(치료 전 수준 1 표준편차 이상, 약 50% 감소)는 표본 집단의 38%에게 일어났습니다. PTSD 자기보고 평가도구(MISS와 IES)는 그보다 완만한 감소세를 나타냈습니다. 환자들은 우울 증상에서 의미 있는 감소를 나타냈고 전반적인 정신증(SCL-90)과 해리(DES) 증상에서 의미 있는 수치에 근접한 감소를 보였습니다. ANOVAs의 반복 측정에서는, 연령, 외상 발생 연령, 외상 유형, 가해자 유형, 최근 외상, 교육, 결혼 여부에 따른 각 하위집단 사이에 차이가 발견되지 않았습니다.

3. 추수 평가

표 10.1은 또한 치료 종결 6개월 후의 추수 평가를 완결한 22명의 환자들의 데이터를 보여줍니다.

추수 평가를 완결하지 않은 7명도 시작 시점에서 종속 변수가 나머지 표본 집단과 의미 있는 차이를 보이지 않았습니다. 전반적으

표 10.1 결과 평가에 대한 ANOVAs 반복 측정치, 치료 전과 후

척도	시작 N=33	종결 N=29	6개월 뒤 N=22	ANOVA F(2,42)
PTSD 척도	1.54	1.00	.97	6.90***
회피	1.62	1.05	1.13	6.99***
과각성	1.73	1.34	1.44	4.52**
합계	1.64	1.13		10.42***
미시시피 척도	112.82	105.18	107.00	2.53
외상영향력 척도	34.91	30.82	30.36	1.83
해리경험 척도	508.04	417.91	389.27	3.18*
벡 우울증 척도	22.18	15.14	18.14	4.43**
증상체크리스트-90	116.09	91.96	94.73	1.93

*p<.05; **p<.01; ***p<.001

로 데이터는 환자들이 PTSD 증상에 대한 감소세를 유지했음을 나타내며, 일부가 우울과 정신병적 고통에서 시작점으로 돌아가는 것을 보여주었습니다. 환자들은 CAPS 전체 점수, CAPS 세 가지 하위 척도, DES에서 후속 평가와 초기 평가를 비교할 때 의미 있는 감소를 나타냈습니다. 표본 집단의 절반이 CAPS 점수에서 임상적으로 의미 있는 감소를 보여주었습니다(즉 한 표준편차 낮게).

4. 질병의 경과

질병의 경과와 치료의 영향이라는 보다 큰 맥락은 이 데이터를 환자의 PTSD를 그 최악의 시점(대개 치료받기 몇 년 전)에서 측정하는 생애 CAPS와 비교함으로써 수집될 수 있습니다. 그림 10.1은 이 관계를 보여줍니다. 최악의 시점의 PTSD 상태(생애)와 비교에서, 환자들은 연구에 참여한 시점에는 일정 정도의 개선을 보여주었습니다(전반적으로 대략 17% 감소했다). 16주의 TCGP가 거기서 27%를 다시 감소시켰고, 종결 뒤 6달 후에는 3%의 증가세가 뒤따랐습니다.

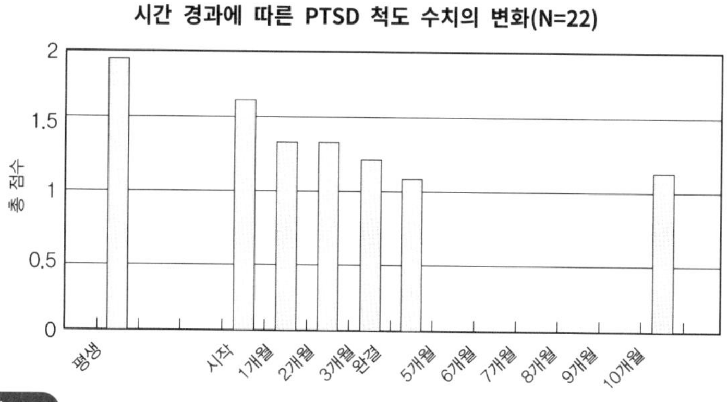

그림 10.1

논의

이 연구는 6개월 후의 추수 평가를 포함하여 통제나 비교 집단 없이 진행되었으므로 이 결과를 확정적으로 간주하기는 어렵습니다. 그것은 또 다른 유형의 치료적 개입이 효과적이었을 수도 있음에 대해 열려있기 때문입니다. TCGP의 치료 효과 외에 가능한 설명에는 ① 호손 효과[2] ② 평균으로의 회귀 ③ 개인 치료와 정신약리학적 접근의 동시발생 효과 ④ 평가자 편향이 포함됩니다. 이 표본 집단에서 환자들은 이 연구가 시작되기 전 몇 년 동안 여러 형태의 치료를 받아왔음에도 불구하고 PTSD 증후학에서 안정적인 수준을 유지했고, 연구가 진행되는 동안 병행한 치료에서는 주목할 만한 변화가 나타나지 않았습니다. 그러므로 특히 힘든 시기에 혹은 기존에 진행 중인 치료법에서 한창 변화가 일어나는 중에, 참여자들이 실험에 참여한다는 것은 그다지 개연성이 높지 않습니다. 평가자 편향에 대해서는 훈련 기간에 다루었고, 치료와 평가 요소의 분리를 통해 편향성을 최소화하고자 모든 노력을 기울였으며, 평가자들은 환자들의 치료 경험에 대해 아무런 정보가 없었습니다.

이 연구의 주요 결과는 이런 형식의 집단 치료가 다섯 개 집단에서 공히 PTSD의 핵심 증상이 감소하는데, 그리고 정신병적 고통의 수준을 감소시키는 데 지속적인 효과를 나타냈음을 보여줍니다. 이러한 효과는 6개월 후의 추수 평가에서도 대체로 유지되었습니다. 효과가 전반적인 정신병적 증후보다 PTSD 증상에서 더 현저하게 나

---

2 호손 효과(Hawthorne Effect)란 피실험자가 자신이 관찰되고 있다는 사실을 알고 행동의 어떤 측면을 개선하려는 행동을 말합니다.

타났다는 사실은 TCGP의 구체적인 치료 효과를 강하게 시사합니다. 개선은 구체성이 떨어지는 자기보고 평가도구보다 증상의 세부를 정밀하게 조사하는 임상심리사가 운영하는 도구에서 더 강력하게 나타났습니다. 연령, 유형, 외상, 최근의 외상, 가해자 유형, 교육과 결혼 여부에서 다양한 양상을 갖는 환자들 사이에서 결과는 편차 없이 뚜렷했으며, 이것은 TCGP가 광범한 외상 인구에 폭넓게 적용될 수 있음을 말해줍니다. 이 결과는 특히 이 표본 집단에서 뚜렷하게 나타난 질병의 심각성(즉 외상의 정도, 입원경력, 높은 공병률)과 치료 저항(즉 수년에 걸친 치료력)을 고려할 때 특히 고무적입니다.

chapter 11

결론

trauma-centered group psychotherapy for women

우리는 집단 치료가 외상을 입은 여성들이 과거의 상처에서 회복되도록 돕는 강력한 수단일 수 있음을 발견했습니다. 아동기의 성적이고 신체적인 학대, 강간, 가정 폭력, 그 밖의 외상 경험은 근본적으로 유해하며, 그 영향력은 영혼에까지 깊이 침투합니다. 사건을 다시 정면으로 바라보는 것, 공포와 두려움을 새로운 자리에 위치시키는 것, 애도에 자신을 개방하는 것, 버려진 시간과 박살난 희망을 명확하게 보는 것, 참여자들이 이뤄낸 이 같은 변형은 상상을 뛰어넘는 용기를 필요로 합니다. 정신건강 전문가로서 우리는 참여자들이 이 용기를 찾아낼 수 있도록 온 힘을 기울여야 할 것입니다.

이 책은 외상과 PTSD를 위한 집단 치료의 한 형식인 외상 중심 집단 심리치료(TCGP)를 소개했습니다. 우리는 여러분이 이 책을 통해 명료하고 충분한 정보를 얻어 도움이 필요한 곳에 적절하게 쓸 수 있기를 바랍니다. TCGP의 방법론은 외상에 대한 발달적 관점에 기반을 두며 분별이라는 핵심 개념을 바탕으로 구체적인 개입과 지침을 제공합니다. 그리고 구조에 대한 참여자의 욕구와 변형을 위해 외상 도식을 충분히 다루어야 할 필요 사이에서 균형을 추구합니다. TCGP에서 사용된 많은 원리와 기법이 여타 접근법의 그것과 유사하다는 사실은 놀랄 만한 것이 아닙니다. 왜냐하면 우리의 작업이 그에 깊이 영향을 받아왔기 때문이지요. 회복에 이르는 길은 여러 갈래이지만, 건강을 향한 보편적인 방향은 여전히 그에 대한 이해도를 높여가는 중에 있습니다.

TCGP에 대한 더 많은 정보가 필요하다면 아래 주소로 저자들과 접촉할 수 있습니다.

주소 Post Traumatic Stress Center, 19 Edwards Street,
New Heaven, CT 06511
전화 203－624－2146
이메일 ptsdcenter@sbcglobal.net

appendix

부록

A 졸업 의식을 위한 안내문

B 학습장

C 여성을 위한 트라우마 프로그램

trauma-centered group psychotherapy for women

appendix

A 졸업 의식을 위한 안내문

trauma-centered group psychotherapy for women

집단, 가족, 친구, 관객이 모입니다. 리더가 먼저 방으로 들어오고 그 뒤를 참여자들이 따릅니다. 한 사람씩(주인공) 돌아가며 앞으로 나가 참여자 한 사람 한 사람에게 인사를 하고 리더 옆에 섭니다. 주인공의 가족이나 친구들은 공간 반대편에서 고백 의식의 목격자가 됩니다. 의식을 위한 안내문을 받은 관객은 리더가 신호를 주면 순서에 따라 한 목소리로 크게 말합니다.

리더 : 우리는 오늘 침묵을 깨고 말하지 못한 이야기를 듣기 위해 이 자리에 왔습니다. 여러분은 이 여성들의 고백을 기꺼이 목격하기 위해 여기에 모이셨습니까?

일동 : (한 목소리로) 네 그렇습니다!

리더 : 여러분은 외상 사건으로 고통받은 적이 있습니까? (참여자들 대답한다) 트라우마를 겪었을 때 고통과 압도적인 공포를 느꼈습니까? (참여자들 대답한다)

일동 : 그것이 트라우마입니다.

리더 : 트라우마의 결과로, 여러분은 수치심과 죄책감과 자기불신을 경험했습니까?(참여자들 대답한다)

일동 : 그것은 당신의 잘못이 아닙니다.

리더 : 외상 경험 이후에, 당신은 비난받고 낙인찍히고 배신당하고 거절당했습니까? (참여자들 대답한다)

일동 : 당신은 굴욕을 당했습니다!

리더 : 여러분은 혼란스럽고 차단당하고 고립되었다고 느꼈습니까? (참여자들 대답한다)

일동 : 우리는 오늘밤 여기에 있습니다.

리더 : 고통과 외상의 결과로 여러분은 사랑하는 사람들을 차단했습니까? (참여자들 대답한다) 분노를 조절하지 못하고 사랑하는 사람들에게 상처를 주었습니까? (참여자들 대답한다) 자신을 상처 입히는 것만이 유일한 탈출구로 느껴질 만큼 마비되었습니까? (참여자들 대답한다) 고통을 잠재우기 위해 약물이나 술에 의지했습니까? (참여자들 대답한다) 모든 것을 끝내기 위해 자살을 생각했습니까? (참여자들 대답한다) 아직도 희망이 있습니까? (참여자들 대답한다)

일동 : 우리는 희망이 있음을 믿습니다.

리더 : 여러분과 여러분의 이야기를 침묵하게 하는 경험을 했습니까? (참여자들 대답한다)

일동 : 우리는 지금 귀 기울여 듣고 있습니다.

리더 : 여러분의 투쟁을 이제 들려주십시오.

참여자들은 각자의 방식으로 창조적 프로젝트를 보여주거나 이야기를 한다. 주인공이 고백을 마치면, 가족이나 친구가 마음에서 우러나는 말을 한다. 그런 다음 주인공은 공간을 가로질러 가족과 만난다. 의식의 마지막에는 모두가 가벼운 다과를 나누며 대화한다.

appendix B

학습장

trauma-centered group psychotherapy for women

1단계 학습장

이름 : 날짜 :

수치심에서 역량강화로의 여정

1. 외상 노출

2. 수치심과 정체성

3. 상실감과 공허

4. 분노에서 용서로

5. 여성성 : 적인가 동지인가?

1. 외상 노출

트라우마는 처음부터 끝까지 감추는 것입니다. 당신의 이야기를 숨김으로써 당신은 스스로 외상의 노예가 됩니다. 가해자는 그것에 대해 함구하기를 원하며 당신은 그렇게 계속해서 가해행위에 취약한 상태에서 그의 미끼에 낚이는 것입니다. 외상은 당신의 목소리를 잠재우지만, 소리 내어 당신의 이야기를 말하는 것은 힘을 줍니다. 치유는 다른 사람들과 짐을 나누어 지는 것이며 외상의 지배로부터 자유로워지는 것입니다. 그것은 모두 당신의 이야기를 하는 것으로부터 시작됩니다. 우리는 기꺼이 들을 준비가 되어 있으니, 이제 시작합시다!

2. 수치심과 정체성

외상 피해자들은 일반적으로 자신에게 학대를 받을 만한 이유가 있다고 믿습니다. 그러나 그것은 외상 사건이 일어났을 때 무력감과 공포에 질린 당신이 "내가 잘못한 게 틀림없어"라고 단정지었기 때문입니다. 부모가 때리거나 욕보인다면 아이는 무슨 생각을 하게 될까요? "그래, 내가 나쁜 아이인 게 틀림없어. 나는 그래도 싸." 수치스러운 경험이 그렇게 내면화되어 피해자의 자기 의식으로 굳어집니다. 시간이 흐르면서 내면화된 수치의 경험은 피해자가 느끼고 생각하고 행동하는 방식 전반에 영향을 미치게 됩니다. 외상 사건이 아동기에 일어난 경우에 피해자의 성격과 정체성은 더 과장된 영향을 받을 수 있습니다.

1. 어린 시절이나 어른이 되고 나서 수치심을 강하게 느낀 적이 있었나요? 그것은 어떤 경험이었나요?

2. 그 수치스러운 경험이 떠오를지도 모르는 상황을 회피하는 것을 느낀 적이 있나요? 그것은 어떤 상황인가요?

3. 그 상황을 피하기 위해 어떻게 하나요?

4. 스스로 수치스럽게 여기는 것은 어떤 점인가요?

3. 상실감과 공허

수치스럽고 모욕적인 경험이 당신의 일부가 되면, 그것을 제거하는 것은 공허와 두려움을 안겨줍니다. 그것이 바로 수많은 외상 피해자, 그중에서도 특히 어린 시절에 외상을 입은 사람들이 내면에 블랙홀이 있는 것처럼 압도적인 공허를 느끼게 되는 까닭이지요. 내면을 들여다보는 것은 당신을 어둠 속으로 밀어 넣습니다. 외상 경험이 많다면 그런 구멍들로 뒤덮여 있을 테고, 그것은 소위 성격 장애로 발전하여 당신의 자존감을 떨어뜨리고 다른 사람들과의 관계를 방해할 수 있습니다. 공허를 느끼지 않기 위해 어떻게든 그 구멍을 메우고 싶어지며, 그래서 외상 환자들은 술, 약물, 음식, 섹스에 의존합니다.

1. 당신 내면에서 커다랗고 어두운 구멍을 본 적이 있나요? 그 구멍이 느껴지면 무엇이 떠오르나요? 혹은 어떻게 하게 되나요?

2. 그 감정으로부터 도망가는 자신을 본 적이 있나요? 어떻게 도망가나요?

3. 압도적인 공허를 메우기 위해 어떻게 하나요?

4. 자기파괴적인 방법으로 공허를 채우는 대신 할 수 있는 것이 있다면 무엇일까요?

4. 분노에서 용서로

외상 사건 당시에 당신이 배신당했다는 것은 의심의 여지가 없는 사실입니다. 운 좋게 자녀를 지지하고 사랑하는 부모와 친구가 있는 여느 사람들처럼, 당신도 마땅히 그랬어야 하는데, 학대와 경멸과 모욕과 방임을 당할 이유가 없었음에도 불구하고 그런 일이 일어나 버렸습니다. 나를 사랑하고 보호해 줄 거라 믿은 사람에게 배신당했을 때, 분노와 복수심이 마음 가득 차오르는 것은 인지상정입니다. 그것은 대개 통제 불능의 분노와 공격으로 나타나지요. 거기에는 분명히 그럴 만한 사정이 있지만, 그런 경우 관계에 문제가 생기고 종국에는 고립되게 되는 맹점이 있습니다. 배신을 당한 것이고 학대가 당신의 잘못이 아님을 받아들일 수 있다면, 당신은 스스로를 용서할 수 있을 것입니다. 그리고 그렇게 할 때 당신은 덜 화나고 덜 고통스러운 상태로 옮겨갈 수 있습니다.

1. 분노로 문제가 생긴 적이 있나요? 그 분노가 어떻게 나타나나요?

2. 당신을 격분하게 만드는 것은 무엇인가요?

3. 당신은 어떻게 배신당했나요?

4. 어떻게 하면 자기를 용서할 수 있을까요?

5. 여성성 : 적인가 동지인가?

외상을 입은 여성들은 흔히 자신의 몸이나 성역할과 갈등 관계에 놓이곤 합니다. 어떤 사람은 그 때문에 친밀감에 영향을 받기도 하고, 또 어떤 사람들은 그것을 당혹스러움과 혼란의 근원으로 경험하기도 하지요. 그것은 여성성을 학대의 고통과 연관시키기 때문입니다. 약함, 상처입기 쉬움, 순응성, 의존성과 같은 특질을 여성성 그리고 피해자의 특징과 동일시하는 거죠. 그 결과 친밀한 관계나 성에 대한 관심이나 아이 낳는 것을 기피할 수 있습니다. 학대의 원인이 여성성에 있지 않음을 기억하는 것이 중요합니다. 당신을 학대한 것은 여성성이 아니라 지배와 통제를 욕망하는 가해자입니다.

1. 여성성으로 인해 한계를 경험한 적이 있나요? 어떻게?

2. 적으로서 여성성을 어떻게 취급해 왔나요?

3. 동지로서 여성성을 어떻게 유지해 왔나요?

4. 여성성을 좀 더 충분히 수용하기 위해서는 무엇이 어떻게 달라져야 할까요?

2단계 학습장

이름 : 날짜 :

외상에서 회복으로의 여정

1. 당신은 트라우마가 아니다.

2. 증상을 아는 것이 통제력을 높여준다.

3. 몸은 적이 아니다.

4. 차단은 고립을 지속시킨다.

5. 감정 쓰레기

6. 바로잡기

1. 당신은 트라우마가 아니다

외상은 개인의 대처능력을 압도합니다. 당신은 살아남기 위해 필요한 것은 무엇이든 했습니다. 당신을 해칠 가능성이 있는 것들로부터 스스로 보호하기 위해 두터운 장벽을 친 것은 당연한 일입니다. 다만 문제는 위험이 없어진 지금에 와서는, 당신이 주변에 세워 놓은 장벽이 오히려 삶을 방해한다는 것입니다. 방어 체계에 갇혀버린 것이지요.

1. 외상은 한 사람으로서 당신에게 어떤 영향을 미쳤나요?

2. 당신은 자신을 보호하기 위해 어떤 장벽을 세웠나요?

3. 그 장벽은 현재의 삶을 어떻게 방해하나요?

4. 장벽을 낮추려면 어떻게 해야 할까요?

2. 증상을 아는 것이 통제력을 높여준다

외상의 결과로 발달한 증상들은 지속적인 관심과 조절이 필요합니다. 증상은 외상을 떠올리게 하며 그래서 자연스럽게 증상을 두려워하게 되지요. 외상 환자들은 흔히 증상을 피해 도망을 치는데, 그것이 오히려 더 심한 증상을 불러오곤 합니다. 증상과 그것을 촉발하는 자극에 대해 아는 것은 그에 대한 통제력을 높여주고 그 결과 증상에 덜 시달릴 수 있게 됩니다.

1. 당신의 증상을 빠짐없이 적어보세요.

2. 당신은 이런 증상으로부터 어떻게 도망치고 있나요?

3. 우울, 분노, 고립, 철수를 자극하는 것은 무엇인가요?

4. 증상을 더 잘 다루기 위해 무엇을 할 수 있을까요?

3. 몸은 적이 아니다

학대 당시에 당신은 긴장, 공포, 불안, 해리, 고통을 온 몸으로 느꼈습니다. 성적 학대의 경우에는 몸이 그 자극에 반응했을 수도 있으며, 그것은 당신에게 혼란과 수치심을 안겨주었을 것입니다. 그러나 그 모두는 외상에 대한 자연스러운 반응이며, 몸은 다만 살아남는 것에 초점을 맞추었을 뿐입니다. 당신이 몸을 적처럼 대하는 것은 놀랄 일은 아닙니다. 하지만 몸은 학대에 반응했을 뿐이며 가해자가 아님을 잊지 마십시오.

1. 불안할 때는 몸이 어떻게 느껴지나요?

2. 당신은 몸을 어떻게 적으로 취급하나요?

3. 외상 사건 이후에 겪은 의료적 문제를 모두 적어보세요.

4. 정서적이거나 성적인 친밀함을 경험함에 있어 어떤 문제가 있나요?

5. 정서적이거나 성적인 친밀함에 대해 죄책감을 느끼나요? 어떻게?

6. 운동, 다이어트, 이완이나 레저를 위해 무엇을 하나요?

4. 차단은 고립을 지속시킨다

외상에서 살아남기 위해 당신은 거의 모든 것과 모든 사람을 차단해야 했습니다. 심지어 일부 외상 환자는 자신의 일부를 차단하기도 합니다. 그것을 해리라 부르지요. 이들 방어기제는 생존을 추구함에 있어 본질적입니다. 그러나 더 이상 위험이 존재하지 않을 때, 그것들은 현재의 삶을 방해합니다. 지금 당신의 삶에서 사람들을 차단함으로써, 외상 당시에 느꼈던 고립을 지속시키는 것입니다.

1. 가족이나 친구들 중에서 누구를 차단했나요?

2. 다시 만날 수 있는 사람이 있다면 누구일까요?

3. 다른 사람들이 당신을 이해할 수 있다고 느끼나요?

4. 얼마나 자주 관계를 깨뜨리나요? 주로 누가 그것을 주도하나요?

5. 당신과 같은 경험을 하지 않았지만 그럼에도 당신을 이해하는 사람이 있었나요?

5. 감정 쓰레기

외상/학대 당시에는 가해자, 방관자, 지역사회, 그리고 사회까지 많은 이들이 당신에게 감정의 쓰레기를 퍼부었습니다. 사람들은 너무 말이 없다거나 공격적이라고, 지나치게 무기력하거나 활동적이라고, 과도하게 피곤해하거나 잠을 자지 않는다고 끝도 없이 당신을 비난했습니다. 이런 말들에 익숙한가요? 그렇게 취급당한 결과 당신이 다른 사람들에게 똑같이 화를 내는 것도 이상한 일은 아닙니다. 하지만 당신이 가장 쉽게 분노를 쏟아내는 대상은 아마도 당신이 사랑하는 사람들일 것입니다. 문제는 그들도 당신처럼 감정의 쓰레기통이 되는 것을 원치 않으며 그래서 다음에는 당신에게 나쁜 감정을 분출하게 된다는 것이지요. 이 악순환은 그리하여 당신의 고립감과 분리된 느낌에 기름을 붓습니다. 외상의 상처를 치유하도록 관계를 형성하기 위해서는 그 악순환의 고리를 깨뜨릴 필요가 있습니다.

1. 외상 당시에 그리고 그 후에 어떤 감정적 공격을 받았나요?

2. 당신은 누구에게 감정 쓰레기를 쏟아 부었나요?

3. 주변 사람들은 당신이 감정 쓰레기를 쏟아내는 것에 어떻게 반응했나요?

4. 감정 쓰레기의 분출을 촉발하는 것은 대개 무엇인가요?

5. 그것을 멈추기 위해 무엇을 할 수 있을까요?

6. 바로잡기

누군가에게 끔찍하게 잘못된 일이 일어날 때 그것을 바로 잡으려 노력하는 것은 당연한 것입니다. 정의를 세우려 하는 것은 자연스러운 인간적 반응이지요. 그런데 당신을 보호해야 마땅한 사람들(부모, 양육자 혹은 가족구성원)은 여러 차례 그렇게 할 수 없었거나 하지 않았을 수 있습니다. 그렇게 당신은 학대를 당했고 정의는 힘을 발휘하지 못했습니다. 그 결과 당신은 불의와 불공정함에 대해 높은 민감성을 가지게 되었죠. 외상 당시 정의를 경험하지 못했기 때문에, 불의가 감지될 때는 언제든 정의를 세우려 때로 애쓰며, 그것이 문제를 일으키기도 합니다. 우리는 그것을 전치라 부릅니다. 외상을 입은 사람들이 정직하지 않거나 무능한 권위 인물과 갈등을 빚고, "그것을 바로잡기" 위해 여러 차례 소송을 거는 이유가 바로 여기에 있습니다. 이것은 그 자체로는 좋은 일일 수 있지만 당신의 분노가 너무나 크기 때문에 바로잡고자 하는 노력을 평가절하 하고 상황에 지나치게 과민하게 반응할 수 있습니다. 그리고 결정적으로는 그렇게 한다 해도 고통의 본래 근원인 외상 경험은 바로잡을 수 없습니다.

1. 누군가 실수를 하거나 잘못을 할 때 그것을 견디기 어려운가요? 예를 들 수 있나요?

2. 누군가의 잘못을 어떻게 입증할지를 고심하거나 실제로 법적 통로를 통해 그렇게 하고 싶은 충동을 느끼나요?

3. 당신에게 일어난 부당한 일을 바로잡고 싶은 마음을 다른 것으로 전치했던 예를 들 수 있나요?

3단계 학습장

이름 : 날짜 :

고립에서 연결을 향한 여정

1. 삶의 의미 찾기

2. 미래로 나아가기

3. 이별하기

4. 변형하기

5. 다른 사람의 고백의 진실을 지지하기

1. 삶의 의미 찾기

트라우마는 의미가 없습니다. 그것은 사람의 안녕감과 가치와 목적을 갉아먹습니다. 치유 과정은 의미를 생산할 수 있으며 그럼으로써 개인의 자존과 희망과 목표에 기여할 수 있습니다. 삶에서 의미를 발견하기 위해서는 사람들에게 당신의 시련을 알게 할 필요가 있으며 고통받는 또 다른 사람들을 돕고 조력의 힘을 찾아내는 것이 중요합니다.

1. 외상을 입은 이후에 당신을 지지하지 않았다는 이유로 가족, 다른 사람들, 사회를 향해 분노를 품은 적이 있나요?

2. 고통받은 다른 사람들을 도울 수 있다고 생각하나요? 어떻게?

3. 여성성을 수용함으로써, 당신의 이야기를 함으로써, 적극적으로 세상에 영향을 미치기 위해 노력함으로써, 남은 삶을 긍정적이고 의미 있게 가꾸어 갈 수 있을까요?

4. 여성으로서 자신과 가족과 사회에 기여할 수 있는 방법을 모두 써 보세요.

2. 미래로 나아가기

트라우마의 목소리는 강합니다. 그것은 당신을 과거에 가두어 두고 계속해서 통제력을 행사하려 하지요. 흔히 외상 피해자들은 자신의 목소리가 사라졌다고 느낍니다. 절망, 무망감, 수치심과 타락의 목소리들이 바로 외상의 목소리입니다. 미래로 나아가기 위해서는 당신의 목소리가 커져야 합니다. 사람들에게 당신의 시련을 이야기해야 합니다. 사람들이 외상을 알 수 있도록 가르쳐주어야 합니다. 미래로 나아갈 준비가 되었나요? 소리 높여 말할 준비가 되었나요?

1. 현재의 삶에 계속해서 영향을 미치고 있는 외상의 목소리는 어떤 것들인가요?

2. 외상의 목소리가 지배할 때 당신은 어떻게 반응하나요?

3. 그 결과는?

4. 외상의 목소리에 맞서 통제력을 회복하기 위해 당신은 무엇을 할 수 있나요?

5. 당신의 목소리에 힘을 주려면 어떻게 해야 할까요?

3. 이별하기

외상은 상실에 관한 것입니다. 상실을 겪으면 슬퍼하는 것이 인간의 성정이지요. 그런데 외상은 피해자를 고립과 소외로 몰아넣고 공포에 질리게 하여 침묵하게 만들고 그래서 애도 과정이 일어나지 못하게 합니다. 삶의 질서를 회복하기 위해서는 상실을 애도하는 것이 매우 중요합니다. 외상 환자들은 삶을 위한 공간을 만들기 위해 애도하는 법을 익힐 필요가 있습니다.

1. 외상의 결과라고 생각하는 상실에는 어떤 것이 있나요?

2. 이별하기와 같은 상실의 은유를 만날 때 당신은 어떻게 하나요?

3. 외상이 애도하지 못하도록 어떻게 방해하나요?

4. 이별하기를 어떻게 연습할 수 있을까요?

4. 변형하기

트라우마는 파괴하고 파편화합니다. 치유는 새로운 기초를 구축하고 많은 변형을 연습하는 것입니다. 외상이 고립에서 발생한다면, 치유 과정은 사회적 연계를 필요로 합니다. 이런 변형은 당신이 외상의 세력에 맞서 승리할 때마다 일어납니다.

1. 이미 성취한 변형이 있다면 무엇인가요?

2. 앞으로는 어떤 변형을 이루고 싶은가요?

3. 그런 변형을 이룰 수 있도록 돕는 사람이 있다면 누구인가요?

4. 다른 피해자를 돕기 위해 할 수 있는 것은 무엇일까요?

5. 다른 사람의 고백의 진실을 지지하기

치유의 힘은 소리 내어 당신의 이야기를 하고 사람들에게 학대의 결과를 가르치며 또 다른 외상 피해자를 돕기 위해 적극적인 역할을 감당하는 능력에서 나옵니다. 당신의 이야기를 공유함으로써 짐은 가벼워질 것이며, 다른 사람들의 지지 속에서 또 다른 피해자들이 치유 과정에 참여하도록 영감을 줄 수 있습니다.

1. 당신은 어떻게 당신만의 방식으로 이야기할 수 있을까요?

2. 당신의 치유에 목격자가 되어 줄 사람은 누구인가요?

3. 집단 경험은 당신의 치유를 어떻게 도왔나요?

4. 사람들은 당신의 여정에 대해 무엇을 알고 싶어 할까요?

5. 삶의 어떤 경험이 치유의 영감을 주었나요?

appendix C

여성을 위한 트라우마 프로그램

trauma-centered group psychotherapy for women

치료 계약

이름 : 날짜 :

환영합니다. 우리는 귀하가 본 프로그램에 참여하기로 결정한 것이 매우 기쁩니다. 그리고 귀하의 치유 여정에 동참할 수 있어 영광입니다. 여정을 시작하기에 앞서, 치료 작업이 안전한 환경에서 진행될 것이며 유용한 성과를 얻게 될 것을 확증하는 몇 가지 규칙을 살펴보고자 합니다.

1. 나는 프로그램의 모든 회기에 참석하는 것에 동의한다. 참석할 수 없는 경우에는 미리 연락을 해서 집단 리더에게 알릴 것이다.
2. 나는 프로그램이 어떤 종류의 물질 남용도 배제함을 알고 있고, 약물이나 술의 영향이 남아 있을 경우에는 집단에 참여하지 않을 것을 약속한다.
3. 나는 화를 낼 때 적절한 언어를 사용할 것이며 어떤 폭력적인 말이나 행동도 삼갈 것을 약속한다. 그런 경우가 발생할 시에는 평가 결과에 따라 작업에서 배제될 수도 있음을 이해한다.
4. 나는 회기 사이에 다른 참여자들과 사회적으로 접촉할 수 있음을 안다. 그러나 나는 자리에 없는 사람에 대해서는 말하지 않을 것을 약속한다.
5. 집단 과정 밖에서 다른 참여자의 자기 파괴적인 행동이나 자살 사고를 알게 될 경우, 나는 그것을 즉시 집단 리더에게 알릴 것이다. 또한 내가 그와 비슷한 상황에 처할 때, 다른 참여자가 집단 리더에게 사실을 알릴 것임을 이해한다.
6. 나는 프로그램 말미에 졸업 의식에 참여해야 함을 알고 있다.

나는 이상의 안내를 읽었고 이 규칙을 따를 것에 동의합니다.

참여자__________ 치료사__________ 도움치료사__________

찾아보기

저자에 관하여

Hadar Lubin 의학박사는 정신과의사이자 예일 의과 대학 정신의학과 임상조교수이며 코네티컷 뉴헤븐 외상 후 스트레스 센터의 공동 리더입니다. 루빈 박사는 수년 동안 병원 안팎의 환경에서 노출 기간과 증상이 다양한 환자 집단과 작업해 왔고, 외상 중심 심리치료와 외상 관련 장애에 대한 약리학적 접근에 풍부한 경험을 갖고 있습니다. 1994년 예일 대학에서 여성을 위한 트라우마 프로그램을 시작한 이후로 외상 생존자를 위한 여러 전문화된 치료법을 개발해 왔으며, PTSD 분야에서 광범한 연구와 저작 활동을 해왔습니다.

David Read Johnson 박사는 임상 심리학자이자 예일 의과 대학 정신의학과 협력 임상 교수이며 외상 후 스트레스 센터의 공동 리더로서, 코네티컷 웨스트 헤븐의 VA 메디컬 센터 내 PTSD 국립 센터에서 PTSD 입원환자 분과장을 역임한 바 있습니다. 심리적 외상 치료를 전문 분야로 하는 그는 참전 군인과 일반인을 대상으로 한 개인, 집단, 부부, 가족 단위의 다양한 치료 모델을 연구하고 개발해 왔습니다.

역자에 관하여

이효원은 다양한 개인과 집단과 만나는 연극치료사로서 2005년 한국연극치료협회 연극치료사 양성과정에서 강의를 시작한 이후 여러 학교에서 연극치료를 가르치고 있습니다. 『연극치료와 함께 걷다』, 『연극치료 접근법의 실제』, 『카우치와 무대』를 비롯해 다양한 연극치료 관련 서적을 쓰고 옮기는 일에 힘써 왔으며, 지금은 내면아이의 돌봄을 위한 연극치료 접근법을 개발하고 있습니다.

여성을 위한 외상중심 집단심리치료

초판발행 2017년 6월 20일

지은이 Hadar Lubin and David Johnson
옮긴이 이효원
펴낸이 안상준

편 집 전채린
기획/마케팅 노 현
표지디자인 조아라
제 작 우인도·고철민

펴낸곳 ㈜ 피와이메이트
서울특별시 마포구 월드컵북로 400, 5층 2호(상암동, 문화콘텐츠센터)
등록 2014. 2. 12. 제2014-000009호
전 화 02)733-6771
f a x 02)736-4818
e-mail pys@pybook.co.kr
homepage www.pybook.co.kr
ISBN 979-11-88040-16-2 93180